電車のなかで本を読む

島田潤一郎

青春出版社

はじめに

本を読み終えると、そのタイトルだけ、一冊のノートに記しています。ピンク色の、コクヨのキャンパスノート。

そのノートは、もう二〇年以上つかっているので、ページがはずれかかっているところもありますし、背もボロボロです。

最初のほうは、本の感想も熱心に書いていたのですが、社会人になり、朝晩、満員電車に揺られるようになると、感想どころか、本を読むことも次第に休みがちになりました。

ぼくは大晦日の夜になると、その年に読んだ本の冊数を記します。

二〇〇〇年は八八冊、二〇〇一年は二四冊、二〇〇二年は五五冊、二〇〇三年は三一冊というふうに。

「来年こそはもっと本を読むぞ」と毎年のように誓いますが、目標通りに本を読めたことはありません。

これまで読了した本を数えてみると、ぼくは大学を卒業した翌年から、四六歳の現在まで一三七二冊の本を読んでいます。

平均すると、一年で約六〇冊。六日に一冊の割合で、ひとつの物語なり、評論なりを読み終えているということになります。

世の中の読書家といわれている人たちは、ぼくよりももっと、本を読んでいるでしょう。プロの作家や編集者たちは、この「一三七二」という数を見て、もしかしたら、ぼくという人間を見損なうかもしれません。

でも、決して怠けていたというわけではないのです。それどころか、ぼくは昔は読書が大の苦手で、大学生のころは一年に四、五冊くらいの本しか読むことができませんでした。

読みたいな、と思って、努力した結果が「年に四、五冊」。

それが、年に約六〇冊も読むことができるようになったのは、ひとえに習慣の力です。

ぼくは毎日電車に乗って、会社へ通勤しています。所要時間は片道二五分ほどなのですが、そのあいだは必ず本を開くようにしています。

スマートフォンを見ず、眠ることも我慢して、本の世界に没頭する毎日。帰りの電車のなかでも、同じように本を読みます。

そうした生活は、一言でいえば、とてもたのしいです。

本を読めば読むほど、知りたい世界が増え、本を読めば読むほど自分が無知だと知ります。

なんというか、本を読んだ時間に比例して、自分が若返っていく、そんな感覚なのです。

四六歳のぼくは一〇歳の子どものように、もっと歴史のことを知りたいと願い、もっと科学のことを知りたいと願い、もっと外国のことを知りたいと願っています。

本を読むヒントになれば、と思い、この本をまとめました。

どこから読んでいただいても、かまいません。

目次

第三章　子どもと本――101

第四章　本から得られること——147

本書に掲載した内容は、高知新聞社「K＋」に掲載された時点のものです。
本文中の年齢や年月などは、当時の表記のままにしていますのでご了承ください。
※本文中の各見出しの下に、同誌掲載時の年月を入れました。

協力／高知新聞総合印刷　本文デザイン／鷹觜麻衣子　DTP／キャップス

第一章　高知から本を思う

ぼくを救ってくれた一篇の詩（二〇一六年四月）

『さよならのあとで』 ヘンリー・スコット・ホランド著 高橋和枝絵（夏葉社）

ぼくは、昭和五一年に高知県の室戸市で生まれました。それからすぐに名古屋に行き、三歳から東京で暮らすようになりました。

高知で実際に生活したことはありませんが、いまも親戚たちが大勢暮らす高知を故郷のように思っています。年に一度は室戸に帰り、叔父が釣ってきてくれた魚を食べ、地元のスーパー「サンシャイン」へ買い物に行きます。

室戸にいるときは、「おんちゃん、あれ、たいちゃ美味かったわ」といったふうに、室戸弁で話します。

叔父と叔母は、ぼくを東京に出している息子だといいます。

ぼくが出版社をはじめたのは、三三歳のとき。出版社をやりたくて仕方がなかったとか、そのために準備をしていたとか、そういうことではありません。兄弟のように親しくしていた従兄が事故で亡くなり、それで、人生を変えなければいけなくなったのです。

従兄はぼくより一歳年上で、室戸で生まれ、室戸でずっと暮らしていました。ほがらかで、優しい、誰からも愛される人でした。

室戸に帰るということは、ぼくにとって、従兄と遊ぶということで、夏休みに二〇日間室戸にいたとしたら、眠っている時間以外はずっと、従兄と遊んでいました。

児童文学者の石井桃子さんは、「子どもたちよ　子ども時代を　しっかりと　たのしんでください。おとなになってから　老人になってから　あなたを支えてくれるのは　子ども時代の『あなた』です」という言葉を残していますが、ぼくが高知を好きで仕方がないのは、この従兄との思い出があるからです。

高知の夏の日差しの強さ。木々の葉の青さ。川の冷たさ。子どものころの記憶を思い出すと、かたわらにはいつも従兄がいます。ベースボールキャップをかぶり、日に焼けた顔でにっこりと笑っています。

その従兄が突然亡くなったとき、ぼくは自分までもが死んでしまったような気持ちになりました。悲しいというよりも、親しい人がこの世からいなくなり、そして二度と会えないという恐ろしさに、身動きがとれなくなってしまったような感じでした。

そのとき、ぼくは無職でした。毎日が苦しくて仕方ありませんでした。

救ってくれたのは、一篇の詩です。

ぼくの趣味は読書で、不安な日々のなかでも、毎日本を読んでいました。一冊の本を持ち、夜の静寂のなかで、だれかの話に耳を傾けるようにページをめくっていると、こころが落ち着きました。

ぼくが出会った詩はこんなふうにはじまります。

「死はなんでもないものです。

私はただ

となりの部屋にそっと移っただけ」。

それは、ぼくが欲していた言葉でした。そしてその言葉は、ぼくが叔父や叔母や、室戸にいる親戚たちに届けたい言葉でもありました。

この一篇の詩で本をつくろう。そのために出版社をつくろうと考えたのは、それからすぐのことです。

それまで編集の仕事をしたことがなかったのにもかかわらず、ぼくは出版社を立ち上げました。それは一度死んでしまった自分のこころを、蘇生する試みでもありました。

結局、その詩の本ができたのは、会社を立ち上げてから二年四ヶ月後のこと。

右も左もわからないまま本をつくり、完成したあとも、これで本当によかったのだろうか？　と自問しました。

けれど、本が書店に並んですぐに、ぼくと同じような境遇にいた読者から感謝のことばをもらい、そのときにようやく、この本をつくってよかった、と思うことができました。

従兄が亡くなって、もう八年になります。ぼくはいまもひとりで会社を切り盛りしていますが、不思議なことに、さみしいと感じたことは一度もありません。

それは、従兄がぼくのそばにいてくれているからだ、と思っています。

来月、また室戸へ行き、従兄のお墓参りをしてくる予定です。

高知の魅力的な本屋さん（二〇一六年七月）

上林暁傑作小説集『星を撒いた街』　上林暁 著　山本善行 撰（夏葉社）

五月に、従兄のお墓参りのために、高知へ帰りました。半年ぶりの高知。空港の外へ出て、広い空を見ると、ああ、帰ってきた、とうれしくなります。

今回は叔父と叔母の運転で、たくさんの本屋さん、古本屋さんへ行きました。金高堂書店はもちろん、愛宕《あたご》の猫目堂古本店、かたりあふ書店、そして、日本でいちばん不便な場所にある本屋さん、香北町のうずまき舎。

この数年で高知の書店は刷新されたような印象を受けました。高知のどの本屋さんへ行っても、「ここで働いている人はほんとうに本が好きなんだなあ」というふうに感じます。欲しい本がたくさんあるし、見たことのない本にもたくさん出会える。故郷にこんなにも魅力的な本屋さんがあることを、とても頼もしく思いました。


ぼくは会社を立ち上げたときから、高知のためになにかをしたい、と思い続けてきました。

だれでも、できることがひとつくらいある、と思うのです。とにかく場を明るくしてくれる人。黙々となにかをこなす人。アイディアを出す人。支える人。お金を出す人。なにもしないけど、その人がいないと集団がまとまらない人。

ぼくの場合は、本をとおして故郷に貢献することが願いでした。

高知城の城郭内にある「県立文学館」に行くと、高知が錚々《そうそう》たる作家たちを輩出している県であることがすぐにわかります。寺田寅彦、宮尾登美子、安岡章太郎、畠中恵、有川浩……。明治の時代から二一世紀の現在まで、作家の系譜は途切れることなく続いています。

　彼らは、海の匂いと山の匂いがまざった故郷の空気を胸にいっぱい溜めこんで、物語を、随筆を書きました。

　活字をとおして浮かび上がってくる高知は、ぼくが知っている高知とすこし違います。それらは作家たちの文章によってあたらしい色を塗られ、あたらしい物語を奥底に宿しています。

　読者はひとりの作家の文章をとおして、身近な風景を再発見します。国道を。町を。海を。山を。空を。家を。

　郷里にまつわる本を読めば読むほど、故郷はどんどんと豊かになっていきます。


　ぼくは高知出身の作家のなかでは、上林暁がいちばん好きです。

　一九〇二年に幡多郡で生まれた上林は、「病妻もの」と呼ばれる一連の作品群によって、文学好きに広く知られています。脳出血で寝たきりとなり、それでも原稿を書き続けた作家として、もしかしたらこの私小説作家の名前を知っている人もいるかもしれません。

　幡多郡黒潮町にある「上林暁文学館」に行くと、作家が半身不随の身で書いた、壮絶な原稿を見ることができます。

それは一度見たら忘れられない、執念を感じさせる文字です。そうした震える文字で上林はこころのなかの故郷を描きました。高知から遠く離れた東京で、寝たきりの身で思い描く太平洋のそばの故郷。

ぼくは二〇一一年に作家の小説集『星を撒いた街』を刊行しましたが、それはなにより、高知の人たちに、この地元の作家をもっと知ってもらいたかったからです。

高知は広く、美しく、そして、どこまでも豊かです。

文学ってなんだろう？（二〇一六年六月）

『みちのくの人形たち』　深沢七郎 著（中公文庫）

「文学ってなんだろう」と、時々思います。

「小説は読むけど、文学はちょっと……」というセリフを聞いたのは、一度や二度ではありません。村上春樹は文学なの？　『火花』はどうなの？　友人たちは、ぼくにこんな質問をします。

ぼくは編集者ではあるけれど、学者ではありません。でも、文学がとても好きで、一生読んでいきたいと思っています。夏目漱石や、太宰治や、シェイクスピアや、チェーホフ。古い名前ばかりで恐縮ですが、こうした作家たちの作品を年老いても紐解いていきたいと願っています。

では、一般的な小説と文学とはなにが違うかというと、これがとても難しいのです。毎回、「うーん」と悩んでしまいます。文学といえば文学だし、文学でないといえば文学ではない。そうした境界線に立つ作品は山ほどあります。

ある作品が文学かどうかを判断することに、あまり意味はないのかもしれません。それを決めるのはあくまで個人の価値観であるから、そのことを尊重しようというのもひとつの考え方だと思います。

では、ぼく個人の意見はどうかというと、あたらしいことを書こうとする、その姿勢こそ文学なのではないだろうか、と思っています。

古くは村上龍や、松浦理英子。二〇〇〇年以降だと綿矢りさや、川上未映子。彼らの若くてあたらしい感性を文学と呼ぶことは、なんとなく理解できます。

ただ、これまで誰も書こうとしなかったことを表現しようとする、その果敢な姿勢を文学と呼ぶのだとすれば、文学は決して若者たちのものだけではないはずです。

たとえば、ぼくの故郷である室戸に、ひとりの老婆が住んでいます。彼女は海辺にひとりで住み、八十代後半であるのにもかかわらず、スーパーへ歩いて買い物に行きます。身長は一四五センチくらい。本は読みませんが、新聞を読みます。いつも冗談をいい、部屋をきれいに片づけています。

ぼくは、祖父の妹であるこのひとが大好きです。室戸に帰るたびに、東京の土産をもって、彼女の小さな家を訪ねます。

彼女の娘は若いときに交通事故で亡くなりました。部屋のなかには、何枚も故人の写真が飾られ、畳には線香のにおいが染みついています。

彼女の生活をつつむ静けさや、よろこびや、かなしみ。彼女の部屋に届く太平洋の波の音。ぼくはそういうものをもっと理解したいし、彼女のこころのなかを描いたような小説を読みたいと思います。だれにも似ていない彼女のことを正確に綴った小説ができあがったとするならば、それはきっと、文学と呼ばれるものであるはずです。

深沢七郎が六十代半ばで発表した短篇を集めた『みちのくの人形たち』には、そうした稀有な文学がいくつも入っています。若いひとには決して書けない、驚くような小説が七つ。しかも、それらはすべて平易な言葉で書かれています。

たとえば、「いろひめの水」という短篇のなかには、こんな文章があります。

「列車が根室についた。駅前の通りで昼めしを食べる。寒い風がさわやかに身体じゅうを洗ってくれる。来てよかった。／来てよかった」

「なんとなく行きたくなった」故郷に六〇年ぶりに帰る主人公。その感想は一言。「来てよかった」。でも、一回じゃ足りない。もう一度書きたい。

「来てよかった」


ぼくはこの文章に出会ったとき、なんともいえない、あたたかな気持ちになりました。ぼくには六〇年も帰っていない故郷なんてないし、このような老境に入った心理もまだうまく摑めません。けれど、「来てよかった」という、主人公のこころから漏れ出るような声は、だれにも話したことのない、ぼくの私的な経験とどこかで強く響きあうのです。私たちのこころのなかにある、忘れてしまうような些細なこと。けれど、たいせつなこと。

それらをあたらしく言葉にしようとする試みを、文学と呼ぶのだと思います。

もっといえば、それらを胸に刻むために、文学が、言葉があるのだと思います。

働くことの美しさを知る（二〇一六年九月）

『はたらくことは、生きること　昭和30年前後の高知』　石田榮著（羽鳥書店）

ぼくはふだんは標準語で話しますが、室戸に帰ると、おぼつかない土佐弁で話をします。それは幼いころの経験から来ています。

まだ幼稚園児だったとき、室戸の祖父母の家へ行くと、いろんな人たちから「わあ、東京弁やね。これ、東京弁やとなんて言うが？」と何度も聞かれました。そういわれて、幼いぼくは恥ずかしくなって、なにもしゃべれなくなってしまいました。

当時の祖母たちの日常会話は、いまの土佐弁と比べるとものすごく方言が多く、また訛りもきつく、聞き取れないことがほとんどでした。

土佐弁をすこしでも覚えたかった幼いころのぼくは、「なんて言うたが？」と祖母に何度も聞きました。すると、祖母はおもしろがって、ふだんより早口でぼくに方言を話しました。親戚や近所の人たちはそれを眺めて笑います。見かねた母がそっと寄ってきて、「おばあちゃんがいったのはこういう意味だよ」と教えてくれると、祖母は「ごめんね」というふうにやっと、ぼくが聞き取れるくらいのスピードでぼくに方言を教えてくれます。

幼いぼくがその言葉をつかうことはほとんどなかったのですが。

祖母はむかしの人らしく、あまり自らを語らず、けれどおしゃべりが好きで、働くことが好きでした。

日々の生活は質素でしたが、お祝いごとのときはお金をケチることなく、孫たちが喜んだり、たくさん食べたりするのを、目を細めて眺めているような人でした。

羽鳥書店から二〇一六年の七月に刊行された写真集『はたらくことは、生きること』を見ていると、ぼくは祖母のことを思い出します。

昭和三十年前後のなつかしい高知の風景。ある人は石を運び、ある人は鉄を割っています。子どもたちは自分たちより幼い子を背に負い、赤ん坊はゴツゴツした浜で寝ています。彼らの生き生きとした表情を見ていると、そのなかに若いころの祖母がいるような気がしてなりません。

あのころは、働けば生活は豊かになり、未来が拓けていった、といいます。高度経済成長の恩恵を直接受けたことのないぼくは、そうした昭和の時代をうらやましく思いますが、この写真集を見ていると、それよりも、もっと単純なことを思います。

それは力いっぱい仕事をしている人がみな美しいということ。

それと、仕事のあとのご飯が美味しいのだろう、ということ。

それだけで十分ではないか、とも思います。


ぼくの祖母は、仕事があればずっと働いていた人でした。お金のためというより、ただ単純に仕事をしたかったのだと思います。

ぼくの母も祖母に似て、六五歳になったいまでもなにか仕事をしていたいといいます。

そしてぼくもまた、仕事がしたいと願います。

それはお金のためとか、経済のためとか、国のためというわけではありません。朝は眠たいし、昼も眠たいし、夜になると疲れてウトウトしているけれど、それでも働きたい。美味しくご飯を食べて、お風呂に入ってゆっくり休んで、また仕事をしにいきたい。

「やりがい」とか「生きがい」という以前に、仕事をしたいという強い欲望がある。

すべての人間がそうであるとは思いませんが、うちの家系にはそういう人間が多いように思います。


祖母が若いころは、戦争の時代でした。ぼくはそのころの苦労を祖母の口から直接聞いたことはありません。祖母が亡くなってしばらく経って、母が話してくれました。

祖母には若い夫と幼い子ども二人がいました。

戦争がいちばん激しいころ、家族ですくないおかずを箸でつついていると、子どもたちの様子がいつもと違うことに祖母は気づきました。子どもたちは皿のおかずを探るように箸を動かし、せっかくおかずを挟んでも、それをポロポロとこぼしてしまうのです。

「目が見えんなったか?」

祖母が心配して聞くと、子どもたちは、

「おかあ、そんなこというな」

とキッとした表情で返したといいます。

夫は戦地から帰らず、幼い子どもたちは栄養失調によって、戦後を迎えることはできませんでした。

『はたらくことは、生きること』を眺めていると、いろいろなことを思い出します。

高知の人であれば、一家に一冊持っていてほしいと思うくらいの傑作写真集です。

本屋さんの豊かさ（二〇一八年九月）

『いま見ているのが夢なら止めろ、止めて写真に撮れ。』　小西康陽 監修（DU BOOKS）

今年の夏も高知に帰りました。

昨年、子どもたちを連れてきたときは、息子は二歳で、娘は0歳。「こうち」という言葉の意味もまだわからず、ただただ、遊んでくれるたくさんの大人たちに囲まれて、朝から晩までニコニコと過ごしていました。

でも今年は違います。「むろと廃校水族館」でウミガメを追いかけて走り回り、岬に立つ巨大な空海像を見ては、「空海さん、空海さん」とよろこびます。星はきれいだし、海はどこまでも広い。こんなところで子どもたちを育てることができたら、と思います。はじめて高知に来た妻も同じことを考えるようで、「これだけ環境が違ったら、性格も変わるだろうね」といいます。

東京には東京のいいところがあり、高知には高知のいいところがある。当たり前ですが、そんなことを思います。

東京は高度に情報化した社会であり、スマートフォンのアプリと連動して街が動いているような、そんな印象を受けます。ＳＮＳやブログで人気に火がついた店にお客さんが並び、提供できる話題を失った店にはすぐに閑古鳥が鳴く。東京とはつまり、情報をみずから発信できない店は遅かれ早かれ撤退を迫られる、そんな場所であるように思います。

ここに住んでいると、日々更新される情報を追っかけるだけではなく、いつの間にか、自分自身もがその情報を更新する担い手として、社会の網のなかに絡め取られていることに気づきます。

高知に来た妻がなにより驚いていたのは、「わたし、全然スマートフォンを見ていない」という事実でした。

もちろん、はじめての高知だから、見るものすべてが新鮮で、携帯電話を見る暇がないということもあります。でも、情報社会に紐づいていない広大な自然や、ＳＮＳという言葉さえ知らない親戚や近所の人たちに囲まれていると、スマートフォンを見ることなど、つい忘れてしまうのです。

ぼくは子どもたちを母に預けて、一日だけ、妻とふたりで高知市内まで遊びに行きました。

桂浜をみて感動し、売店で食べたイカ焼きに舌を巻き、ひろめ市場の「塩たたき」を食べてよろこぶ妻。

「高知っていいとこでしょう？　また来たい？」

車のハンドルを握りながら、妻に何度そういったことか。

高知観光案内の最後のスポットは、帯屋町の金高堂書店本店です。

妻は長年本屋さんでアルバイトをしていたので、ぼくと同じように書店に行くことが大好きです。ぼくと妻は書店の入り口でさっそく離れ離れになって、自分たちが興味のある本を探しに歩きます。

妻は店のなかをひととおり見て、「いい本屋さんだね」といいます。ぼくはその一言を聞きたくてここに連れてきたようなものだから、それだけでもう大満足です。書店員さんたちのこころが隅々まで行き届いている選書。「本っていいでしょう？」という顔で並んでいるフェア台。本屋さんに並ぶ本は、そこで働く人たちの経験と勘によって、「うちのお客さんなら買ってくれる」と考えられ、選ばれている本たちですから、その店の品揃えが充実しているということは、つまり、高知にたくさんの本好きがいるということの証でもあります。

地域の書店が若い本好きを育てたのだともいえますし、お客さんの期待や具体的なオーダーが、金高堂をよりよい店に育てているのだともいえます。それは決して一方通行の関係ではありません、双方向の豊かな関係です。

この日ぼくが買ったのは、『いま見ているのが夢なら止めろ、止めて写真に撮れ。』という、大映映画のスチール写真集。

子どもたちが眠ったあとに、妻とふたりで写真集を見て、「うわあ、かっこいい！」と言葉を漏らす時間。

金高堂さえあれば、東京にいなくても本に困ることはありません。

ファッションフード（二〇一八年一二月）

『ファッションフード、あります。　はやりの食べ物クロニクル』　畑中三応子著（ちくま文庫）

ぼくが小学生だったときのことだから、もう四〇年近く前のことです。

高知に帰省するときは、母は必ずといっていいほど、お土産にケンタッキーフライドチキンを持っていきました。そのころの高知には、まだケンタッキーもマクドナルドもありませんでした。

東京の駅前で買ったケンタッキーだから、室戸に着いたときにはもう冷たい。でも従兄たちは、「美味い、美味い」と食べていました。ぼくはそのときの、冷たいポテトの味をいまでも覚えています。冷たくてパサパサなのに、みんなで食べるとこの上なく美味しく感じられました。

それから数年後、従兄が東京に遊びに来たときのことです。ぼくの家の近くには、セブン-イレブンとローソンがありました。そのころの室戸にはまだコンビニすらなかったので、東京に来た従兄はコンビニを珍しがって、外出するたびにそのふたつのコンビニに行ってはおにぎりを買ってきました。夕飯の前やそのあとでも、おにぎりをひとつ買うためにコンビニに出かけ、実に美味しそうに口に運んでいました。

『ファッションフード、あります。』の著者畑中三応子さんは、こうした食べ物を「ファッションフード」と呼びます。「純粋に味覚を楽しむ美食行為としてではなく、流行の洋服や音楽、アートやマンガなどのポップカルチャーと同じ次元で消費される食べ物」が、ファッションフードの定義です。

そこでは味よりも、食べ物にまつわる情報のほうに比重が置かれます。

たとえば、パリで流行っている。あるいは、Aという有名人が食べている。まずそうした情報が先にあり、その付加価値とともにその食べ物を味わいます。すると、単なる食事はひとつの体験となります。

従兄があれだけおにぎりを食べていたのは、その味というよりも、「東京」の「セブン－イレブン」で買ったことが、なにより重要だったというわけです。

ぼくの人生もまた、たくさんの「ファッションフード」に彩られています。ティラミス。ナタデココ。モスコミュール。飲食にまつわる思い出をひとつひとつ紐解いていけば、ピザだって、ペペロンチーノだって、最初はブラウン管をとおして、その存在を知ったことに気づきます。

そうした「ファッションフード」はスマートフォンの時代になり、さらなる隆盛期を迎えています。

飲食店の紹介サイトを見れば、あらゆる食べ物にうんちくがついてきて、「限定」という言葉が消費者の購買意欲をあおります。インスタグラムを見れば、みな美味しそうなものを食べていて、そのタグを見て、ぼくもその飲食店をいつの日か必ず訪れようとこころに決めます。

『ファッションフード、あります。』は、最近読んでいちばん面白かった本です。

江戸時代から二〇一七年までの日本の「ファッションフード」の歴史を眺めれば、情報化していく日本社会の歴史が手に取るようにわかります。

それは「ナタデココ」や「ベルギーワッフル」や「パンナコッタ」だけではありません。「もんじゃ焼き」も「讃岐うどん」も「烏龍茶」も、まず最初に情報が先行し、テレビのコマーシャルや雑誌の特集にあおられるようにして、ぼくたちは初めてそれを口にし、好きになっていったのです。

かつて流行した食べ物のことを思い出すと、そのときの時代の匂いや、忘れていた友人のことを思い出します。

「こんな情報社会はいやだな」と思わなくもないのですが、そうした流行を追いかけて、「あれ食べた?」と友人たちと盛り上がっていた日々はあんがい楽しかったな、とも思うのです。

読者にとって大切な一冊とは（二〇一九年六月）

『THE ABSENCE OF TWO』　吉田亮人著（青幻舎）

地方の若者たちを描いた小説が好きです。思い出すのは立松和平の『遠雷』や、中上健次の『枯木灘』、吉田修一の『悪人』などでしょうか。

『遠雷』の主人公は農業に携わり、『枯木灘』の主人公は土木工事に汗を流します。『悪人』の主人公はというと、定職をもたず、自慢の車を走らせることを趣味としています。

そうした小説を読むとき、ぼくはいつも室戸に流れている時間のことを思うのです。都会とは違う時間のなかで、仕事をさがし、恋愛をし、なにかによろこび、なにかに悲嘆する。従兄たちはこんなふうに暮らしていたのだろうか、と思います。

吉田亮人さんの写真集『THE ABSENCE OF TWO』もまた、都会とは遠く離れた生活をわたしたちに見せてくれます。

舞台は宮崎県の国富町。モノクロ写真のなかの祖母と孫の暮らしを見ていると、ぼくは亡くなった室戸の祖母を思い出しますし、従兄たちのことを思い出します。

トタン屋根のついた物干し場。縁側。扇風機。平屋。濃厚な緑。二〇一一年から一四年のあいだに撮影されただろう二人の写真は、もしかしたら、これはぼくの親戚の姿ではないだろうか、と思わせるぐらいに、なつかしさに満ちています。

室戸で暮らしていたぼくの祖母は、二〇〇〇年に亡くなりました。大腿骨を折ってからは長く寝たきりの生活で、傷痍軍人であった祖父は毎日カブに乗って病院を訪れ、祖母の世話をしていました。

相思相愛の夫婦でしたから、ぼくは祖母が亡くなってからの祖父の生活が心配で仕方ありませんでした。一時は室戸で祖父と暮らすことを真剣に考えたくらいで、いまでも、仏壇のある祖父の部屋で寝転び、CDラジカセで音楽をかけながら、どうしよう、どうしよう、と迷っていたときのことを思い出します。

なぜぼくがこんなことを書いているかというと、『THE ABSENCE OF TWO』もまた、そのようにしてはじまるからです。

「ばあちゃんのあんな姿を見て初めて気づいたとよね。僕は今まで自分のことばっかりでばあちゃんのこと何も考えちょらんかったなあって。ほんと情けない気持ちになった。でもあん時のばあちゃんを見て、自分がちゃんとばあちゃんのこと面倒見ようって決めたとよ」

孫の大輝は大学に籍をおいていましたが、なかなか学校に馴染めず、そんなときに祖母の苦しむさまを見て、そこに自分の生きる価値を見出します。

祖母を風呂に入れ、排泄の世話をし、副作用のある鎮痛剤をやめさせるために、毎日大声で喧嘩をする。それは「祖母と暮らす」という言葉だけではとうてい伝わらないくらいの、体力と精神力を要する日々です。

大輝の献身的な介護のおかげで祖母は身体の調子を取り戻し、畑仕事にまで戻れるようになりました。

その晴れやかな二人の顔も、写真集にはちゃんと収められています。けれど、そうした幸せな日々は長く続きませんでした。

ある日、写真家であり、大輝の従兄でもある著者が、被写体である祖母のもとを訪ねると、祖母は、大輝が「帰ってこんとよね」と話します。以前も自転車に乗って日本各地を走り回っていた彼だから、ひょっとするとまた放浪でもしているのかもしれない、と著者は考え、不安を紛らわせようとしますが、二人の生活は、大輝の自殺という結末によって、突然幕をおろします。

大輝がなにを思い、なにゆえに命を絶ったのかはだれも知りません。それは、もしかしたら、本人にすらわからなかったことかもしれません。写真もそのことを教えてくれませんし、『THE ABSENCE OF TWO』のなかにあるのは、彼らのささやかな日々だけです。

本というものは、時間を表現するメディアであることを、この写真集は教えてくれます。人生とはこういうものだ、とか、こうすれば便利だ、とか、そうした情報を伝えるものではなく、本は、ある人や、ある家族、ある町に流れていた時間を表現し、それを本という物のなかに閉じ込めます。それは、私の知らない人生であり、私の知らない歴史であるけれど、そこに、私が経験したものと同じなにかがある、と感じることができたとき、その本は読者にとって大切な一冊になります。

悲しい本ではありません。

二人が生きていた日々を写した、かけがえのない本です。

ぼくが高校生に話すこと（二〇一九年一二月）

『シェル・コレクター』　アンソニー・ドーア著　岩本正恵訳（新潮社）

先月のこと。久しぶりに会った友人と夜遅くまで飲んで高松のホテルに帰り、翌日は朝九時の電車で高知に向かいました。

駅に着くと、ここがホームタウンなのだ、と感じます。高知は母の郷里であり、ぼくはここで育ったわけではないし、働いたわけでもないのですが、空が広く、海の匂いがするこの土地に来るとこころが休まる気持ちがするのです。

従兄たちと買い物にきた店。歩いた道。車の窓からいつも見ていた街路樹。親戚たちがずっとぼくによくしてくれたから、高知にはいい思い出しかありません。


この日は、高校生のために話をしてほしい、という依頼を受け、高知文学館のホールで一時間ほど話をしました。

若い人たちに話をするというのは、ふだん書店のイベントで話をするときの三倍ぐらい緊張します。彼らは退屈だったら退屈そうな顔をするし、おもしろかったら、目を輝かせて話を聞いてくれます。

もちろん、ただおもしろい話をすればいいわけではなくて、彼らに伝えたいことを、興味をもってくれそうなトピックをまじえて話します。たとえば、ぼくが高校生の頃どんなテレビゲームにはまって、どんな本を読んでいたかとか、ぼくが知っている又吉直樹さんの人柄とか、とにかく具体的な話をいくつも散りばめるわけです。

年をとったからでしょうか。年々、若い人こそ未来なのだと感じています。

ぼくには経験がありますが、その経験によって、しばしば何かをあきらめてしまいます。なにかをやってみたいなと思いついても、その前の準備とか、具体的な調整とか、費用対効果にまで考えが及ぶと、フットワークはおのずと重くなり、たいていの場合、易きに流れてしまうのです。

けれど、そうした経験を経ていなければ、「とりあえずやってみよう」と動き出すことができます。

やってから考える。

走りながら考える。

つまり、なにをいいたいかというと、ぼくらが難しいとあきらめていることを、若い人たちは軽々とクリアしてしまうのではないか。そんなことを夢想しているのです。

それはたとえば、あたらしいビジネスをつくることであり、あたらしい文化をつくることであり、あたらしい政治の形をつくることであり、あたらしい家族の形をつくることです。

ぼくたちにできることは、彼らを信頼し、応援することであり、因習的ななにかによって、彼らの邪魔をすることではありません。

一時間の話を終えたあとは、叔母と従姉と三人で、昨年高知にオープンしたあたらしい本屋さんへ行き、最近開店したばかりの飲食店で夕飯を食べました。それから一時間半かけて車で室戸へ帰り、リハビリ中の伯母を訪ね、夜遅くまで叔父叔母と亡くなった従兄の話をしました。

明くる日は、叔母が朝早くから病院へ行くというので、午前八時に彼らと別れ、土佐くろしお鉄道で高知市内へと向かいました。飛行機の時間は午後の一時だったので、高知駅前をぶらぶらと散策するつもりだったのです。

その予定が変わったのは、電車のなかでアンソニー・ドーアの短編集『シェル・コレクター』を読んでいたとき。

「あっ、ずっと探しているマンガが高須の新古書店にあるかも」

急にそう思いついて、じゅうぶん下調べもせずに後免駅で降りました。そうしてスーツケースを引きずりながら、新古書店に向かって歩きはじめました。

けれど、歩いても歩いても高須にはたどり着けません。この日は一一月中旬だったのにもかかわらず、汗が流れるほど暑く、水を何度も飲みながら、これまで数え切れないくらい車で往復している国道32号線をひたすら西に向かって歩きました。

一時間ほど歩いたのちに国道沿いの喫茶店に入り、カウンターの席で『シェル・コレクター』を開きました。

くろしお鉄道のなかで読んでいたのは、森に住むハンターと不思議な能力をもつ妻の話だったのですが、その続きが気になって仕方なかったのです。

コーヒーを片手に集中してその短篇を読み終え、ふたたびスーツケースを引きずりながら新古書店を目指して歩きましたが、結局一時間半かかっても目的地にはたどり着けず、ぼくは携帯電話でタクシーを呼び、空港へと向かいました。

こういう日のことは、不思議と、年をとってもずっと記憶しているような気がします。

本を読むことの意味（二〇二〇年八月）

『パトリックと本を読む　絶望から立ち上がるための読書会』
ミシェル・クオ著　神田由布子訳（白水社）

みんながみんな、本を読まなければならないのだろうか？

そんなふうに考えるとき、必ず思い出すのは、漁師をやっていた伯父のことです。生まれてからずっと室戸に住み、ついこの間まで、毎日のように漁に行っていました。縁側で網を直し、寡黙で、外でお金を使うことはまったくといっていいほどなく、ぼくが訪ねても「来たか」と、ただそれだけ。

でもぼくは、その伯父のことをずっと尊敬しているのです。自分の仕事に誇りをもち、他人には干渉せず、自分を大きく見せようともせず、毎日を全力で生きている。

その伯父に「本でも読んだほうがいいよ」だなんて、とてもではありませんが言うことはできません。

伯父の頭には、ぼくが本で学んだことの何十倍もの生きた知識があり、知恵があります。伯父は自然のことをよく知り、海と、人間以外の生き物たちと、どう共生できるかを知っています。なにがいちばん美味しくて、なにが取るに足りないことなのか、そんなことも全部知っています。

よく食べ、よく働き、よく眠る。ぼくは伯父と生活をしたことがありませんから、彼のすべてを知っているわけではありませんが、その生き方に強くあこがれます。

ぼくは東京で長く暮らしているからか、伯父のようにシンプルに生きることができません。

毎日スマートフォンで最新の情報をチェックし、家に帰ったら、新聞を読み、本を読みます。四〇代半ばになっても、つねになにかに飢えているような状態です。

よい面でとらえれば、それは向学心と呼べる何かなのかもしれませんが、逆の面からみれば、おそらく、ぼくはいつもなにかに不安なのだと思います。

人間関係に悩んでいるときや、将来が漠然と不安なとき、もっといえば、生きているのがつらいとき。

思い出してみると、ぼくが本を強烈に欲していたのは、いつもこころが弱っているときだったような気がします。

でも、こころがほんとうに弱っているときは、数ページも読めないのです。一ページにはだいたい六〇〇字ぐらいが詰まっているのですが、それを読み進める集中力も気力もありません。その挫折がさらに自分のこころに暗い影を投げ、どこにも行けないような気持ちになります。

それでも再び読書をはじめるのは、それがおもしろいというよりも、本を読むことがぼくの人生と深く結びついているからです。いってみれば、自分という空っぽのなかに、だれかが書いた小説や随筆や詩をどんどんと投げ込んでいくことが、ぼくにとって生きるということなのかもしれません。

今回紹介する『パトリックと本を読む』は、本を読むことの意味を真正面から考える、稀有なノンフィクションです。著者のミシェル・クオは台湾系のアメリカ人で、ハーバード大学卒業の才女。就職先を自由に選べる立場にありながら、「すぐさま人の役に立つ仕事を」と思い、アメリカの最貧地域のひとつであるミシガン州のデルタに教師として赴きます。そこは普通の学校を追い出された黒人の子どもたちが通う学校で、彼らはさまざまなトラブルのなかにいます。

著者がそうした仕事を選んだのは、自身もまた、白人中心の国家であるアメリカにおいてはマイノリティだからです。著者は黒人たちが歩んできた困難な歴史に自身を重ね合わせ、勇敢でありたいと欲し、教壇に立ちます。赴任してきたばかりの若い彼女は子どもたちに文章を書くおもしろさを伝え、「本を読むと、人の心の声が聞こえてきます」といって、子どもたちに本を読むおもしろさを伝えます。

ボールドウィンやイェイツやホイットマン。『パトリックと本を読む』のなかに出てくる本は、いますぐにでも読みたくなる本ばかりです。

こころの底から絶望したとき、救ってくれるのは、だれかの言葉でしょう。

それは指針としてではなく、座右の銘でもなく、自分の言葉がだれかの言葉のなかに溶けてしまうという経験において読者を救います。

自分の言葉だけでは足りないとき、それが足かせになり、牢獄になり、自分を苦しめるとき、本を読み、だれかの言葉を膨大に浴びることによって、読者はこころのなかの風景を塗り替えることができます。

本書のタイトルにある「パトリック」は人を殺め、人生のどん底にいます。

彼が読書によってどう変わっていくかは、本書を手にとって、ぜひお確かめください。

好きな街で本屋を始めた人（二〇二一年九月）

『ぼくにはこれしかなかった。』早坂大輔 著（木楽舎）

二〇一九年の秋から約二年、高知に帰っていませんでした。言わずもがな、新型コロナウイルスの感染拡大がその理由です。

あんまり長いあいだ帰っていないと、子どもたちが高知のことを忘れてしまう。そんなふうに考え、今年の春に飛行機のチケットを予約しました。そのころは今ほど感染は広がっておらず、ワクチン接種もはじまっていたので、楽観的に事態はよくなると考えていたのです。

けれど、デルタ株が国内で検出され、オリンピックがはじまると、感染はみるみるうちに拡大しました。ぼくたちは飛行機が飛ぶ前日まで、高知に行くかどうか迷っていましたが、最後には親戚に会いたいという気持ちを優先し、自分たちなりに感染予防をじゅうぶんにほどこして、高知に向かいました。

一週間の滞在中は、ほとんどの日が雨でした。しかも激しい雨。

子どもたちは叔父と叔母の家にいることが多かったのですが、それでも、室戸で過ごす夏休みを満喫していました。たくさんの大人たちに囲まれ、みなが優しそうな顔で自分たちの一挙手一投足を見つめている。そういう安心感に支えられて、東京では人見知りがちの娘も、家のなかを汗だくになって走りまわっていました。

ぼくも久しぶりに高知を満喫しました。そしてその滞在は、帰京後に毎日高知の中古物件を検索させるほどに、ぼくの高知愛に再び火をつけました。

一〇年前、高知への移住は夢のまた夢でした。

室戸に帰っても、仕事はまったくありませんでしたし、高知市内に居をかまえたところで、どこの馬の骨ともわからない人間がすぐに高知で仕事をえることは、おそらく難しかったでしょう。

けれど、この一〇年のテクノロジーの発展はそうした環境を大きく変えました。

たとえば、ぼくの仕事は本をつくり、全国の書店に卸すことですが、それはたぶん、室戸でも不自由なく続けることができます。月に一度くらい東京に出かけ、あとの打ち合わせや商談はZｏｏｍやSNSをとおしてやる。いまはひとつの決意さえあれば、どこででも仕事ができます。

岩手県盛岡市の書店「BOOKNERD」の店主、早坂大輔さんが書き下ろした『ぼくにはこれしかなかった。』は、サラリーマンをやめた著者が、それまで経験したことのない本を売るという仕事を選び、その道を切り拓いていくまでを描いた自伝的エッセイです。銀行からお金を借り、東京とニューヨークで本を買いつけ、生まれ故郷ではなく、自分の好きな街で本屋をはじめる。

こう書くと、いかにもかっこいい、スマートな生き方のように見えますが、本書の魅力はその陽の部分ではなく、陰の部分です。

最初の起業の失敗、売上ゼロの日々、妻との離婚。

こうした人生のいわばネガティブな部分を丹念に描くことによって、本書はまるで小説のような味わいを読者にもたらします。

「ぼくはありとあらゆるレールを降りた。組織の一員であることをやめ、社会から身を引き、誰かの言いなりになることをやめた。だがそれはドロップアウトではなく、ぼくなりの反抗のはじまりだった。どこにも属さず、たったひとりで誰にも従わず、毎日店を開け、本を売ること。本はぼくにとってかけがえのない友人のひとりだった。彼らの声を聞き、彼らを必要としている人たちへ本を売ること。それがぼくが生きたい生き方だった」

いまの仕事に迷っている人に、ぜひ読んでいただきたい一冊です。

東京に行って思うこと（二〇一八年七月）

『東京を生きる』 雨宮まみ 著 （大和書房）

「東京なんて絶対住めんわ。大変やろ?」

高知にいると、ときどき、こんなふうにいわれます。

「いや、そんなことないで。おもしろいで」

ぼくはそんなふうにいいますが、三歳から東京在住なので、そもそもこの巨大な町を「住みやすい・住みにくい」といった外からの視点でとらえることができません。どちらかというと、当たり前のように満員電車に乗り、人混みのなかをかきわけて買い物に行ったりしています。

東京を発見するのはいつも、東京の外からやってきた人たちです。彼らは、ぼくたちよりも東京のいろんな場所へ出向き、たくさんの店に入り、たくさんのものを食べ、買い物をします。それで、ぼくたちに「あそこはおもしろい」とか、「あそこの品揃えはいいよ」などと教えてくれるのです。

六本木も、青山も、高円寺も、大学を卒業するまで一度も行ったことがありませんでした。億劫というよりも、単純に尻込みしてしまうのです。

けれど、地方から出てきた大学の同級生たちは、青山のクラブに行って踊り、高円寺でレコードや古着を買ってきます。彼らの話を聞いて、いつも「すごいなあ」と感心していました。

そのころは、東京よりも、高知が好きでした。羽田空港から自宅へ戻るときに、モノレールから見るビルの群れ。夜の九時を過ぎているのに点々と灯るオフィスの光。そうした風景を見るたびに、「ああ、またこの世界に戻らなければいけないのか」とうんざりしていました。

とはいえ、高知には東京ほどに仕事はありません。室戸はというと、片手で数えて足るくらいの仕事しかありません。

三〇歳を過ぎてようやく、ぼくは東京で暮らしていこうと決意しました。それは願望というよりは、妥協です。


「深夜に乗るタクシーから見える景色は素晴らしかった。（中略）特に雨の日の、夜のタクシーが好きだ。フロントガラスの水滴に滲《にじ》む街の毒々しいほどの鮮やかな光が綺麗で、いつまでも見ていたくなる。この景色を何時間でもお金で買えたらと思う」

『東京を生きる』のなかで、雨宮まみさんはこのように東京の街を描写します。それは三〇代のぼくがようやく見つけることができた、東京の景色でもあります。表参道や、銀座や、吉祥寺。ぼくの場合は、年をとり、ほどよく肩の力が抜けて、それでやっと、東京を歩いていてたのしい、と思うようになりました。

けれど、雨宮まみさんは、肩の力を抜くことはなく、人生のすべてをとおして、東京の街を愛し、欲望します。

雨宮さんは、ぼくと同じ一九七六年生まれ。彼女の目をとおして見える東京はきらびやかで、永遠にといいたいくらいに、美しいです。それはテレビなどで流れる、だれが見ても美しい景色ではなく、ひとりの女性が瞬間的にこころを奪われる、幻のようなものです。「『東京なんて、ただの場所だから』。そう言われるのを聞くと、私は『恋愛なんて、ただの幻想だから』という言葉を思い出す。『恋愛なんて、ただの幻想だ』と、自分はすべてわかっているみたいに言う人のことを、私は内心、軽蔑している。幻想を見る以上に楽しいことが、この世にどれだけあるのだろうか」

地元を捨てて、懸命に働き、「まるで罰ゲームのように、たいして食べたくもない栄養の塊を詰め込んで重くなったカゴをレジに持っていき」、ときに「家賃よりも高い服」を買う。いつまでも東京の街をさまよい歩く。「そんなことしてたら、ずっと幸せになんかなれないよ」といわれても、自分の魂の声を正直に聞いていると、自然とそうなる。

東京はいいですよ、という本ではまったくありません。東京に憧れ、誠実に生きた人の、生々しい、美しい文章の本です。

ぼくは雨宮さんが亡くなってから、初めて読みました。そして、心揺さぶられました。

いろんな場所から東京に集ってきていた同級生たちは、いま何をしているんだろう？

この本を読んでいると、そんなことをも思います。『東京を生きる』は、無性にだれかに会いたくなる本でもあります。

テレビゲームで思い出すこと（書き下ろし）

『ファミコンの思い出』　深田洋介編（ナナロク社）

一九七六年生まれのぼくたちの世代は「就職氷河期世代」とも呼ばれますし、「ロストジェネレーション」とも呼ばれます。

バブルの雰囲気はなんとなく知っていますが、その恩恵をあまり受けず、いざ社会に出ようと思ったときには経済は冷え切っていて、同級生たちのあいだでは「自己責任」という言葉が流行しようとしていました。

ぼくは就職をせずに近所のコンビニエンスストアと牛丼屋でアルバイトをし、たくさんのお金が必要になったときだけ、派遣労働者として働きました。

ぼくも同世代の若者たちも、当時はそんな生き方をふつうだと思っていましたし、時代の空気もそこまで暗くなかったように記憶しています。

「大変だったでしょう?」とか、「苦労されたんじゃないですか?」といわれたら、たしかに苦労したのかもしれませんが、それがいかに大変だったかをほかの世代と比べることは難しいので、毎回「うん、まあ……」と言葉を濁しています。

ぼくは自分のことを「就職氷河期世代」だなんていいませんし、もちろん、「ロストジェネレーション」ともいいません。

世代が違う人たちにたいしては、大学に入学する年に阪神淡路大震災と地下鉄サリン事件が起こったこと、学生時代は「小室ブーム」で、同級生たちみんなが小室プロデュースのシングルCDを買っていたということ、それと、ほとんどの学生がまだ携帯電話もパソコンももっていなかったことを話します(一学年下ぐらいから、その常識が変わります)。

同じ年に生まれた著名人には、ITビジネスの先駆者と呼ばれる人たちが多く、その意味では、ぼくが青春時代を過ごした九〇年代後半というのは、時代の大きな分岐点にあたっていたのかもしれません。

ぼくたちの世代に大きな影響を与えたものは、上述した一九九五年に起きた震災とオウム真理教による一連の事件、そしてたくさんのカルチャーだと思います。音楽でいえば、小室サウンドのほかに、渋谷系、ビーイング系、ヒップホップなどがありましたし、ほとんどの若者たちはまだテレビを熱心に見て、近所のレンタルビデオショップで最新の映画を一泊二日で借りてきていました。

そのたくさんの文化・娯楽のなかで、ときどき思い出し、そのたびになつかしさで胸がいっぱいになってしまうのは、テレビゲームです。

ぼくたち一九七六年生まれの子どもたちが小学校一年生のときにちょうど、「ファミリーコンピュータ」（ファミコン）が発売され、それからはずっと、テレビゲームの進化に魅了されてきました。

学校が終わると友だちの家に集まり、コントローラーを握るひとりかふたりの友人以外は、ただただブラウン管を見つめる。それがぼくたちの典型的な放課後の過ごし方でした。来月発売されるテレビゲームのグラフィックが美しくなることと、キャラクターの動きが流麗になることこそがぼくたちにとっての未来で、実際、その未来は定期的にやってきて、ぼくたちを熱狂させせました。

ぼくにはテレビゲームにまつわる思い出が数えられないくらいあります。けれど、いまのぼくにはそれを話す相手がいません。

ぼくが住んでいたのはマンモス団地で、いまも母はその団地に暮らしていますが、同級生はだれひとりとして残っていません。また、いちばんテレビゲームをいっしょにやった従兄はすでに他界してしまいました。

深田洋介さんが編者となってつくった『ファミコンの思い出』を読むと、忘れていたたくさんのことを思い出します。

そのすべては取るに足りないことなのですが、そのなんでもない思い出のなかにこそ、友人たちの表情や仕草、忘れていた声や匂いが隠れています。

ブラウン管のなかで放物線を描く、コンピューターグラフィックの白球。夜空にきらめくドットの星。剣と楯をもった小さな勇者。

それらは不思議といつまでも消えることなく、ぼくのこころの片隅に残っています。

なにをいいたいかというと、ぼくは「就職氷河期世代」ではないし、「ロストジェネレーション」でもないですが、まぎれもなく、「ファミコン世代」だということです。

第二章　本との出会い

お気に入りの作家を見つける（二〇一六年五月）

『バベル九朔』　万城目学 著（角川文庫）

忘れもしません。二〇〇六年。いまから一〇年前のことです。本屋さんに行ったら、『鴨川ホルモー』という、見たこともない作家の小説が並んでいました。著者の名前は「万城目学」。なんて読むんだろう、と思いながら、本を手にとり、パラパラとめくりました。

当時はお金がなく、本屋さんに行っても本を買うことはほとんどありませんでした。ですから、このときも本は買わなかったのですが、不思議と『鴨川ホルモー』のことが、こころに残りました。強烈なタイトルであり作家名だからだった、というよりも、作者がぼくと同じ一九七六年生まれだったからです。カバー袖に載っていたプロフィールで知りました。

そのころ、ぼくは二九歳でした。たいていの作家はまだ、ぼくより年上でした。本を読むときは、いつもなにかを教わるような気持ちでした。けれど、この『鴨川ホルモー』の登場によって、その感覚がすこしだけ変わりました。

同じ時代を生きる同年代の人たちが、いまなにを考え、本という媒体をとおしてなにを表現しようとしているのか。

そのことにたいする関心が、本を読むという行為の動機のひとつとなったのです。

二〇〇六年の『鴨川ホルモー』、翌年の『鹿男あをによし』『ホルモー六景』、エッセイ集の『ザ・万歩計』、大作『プリンセス・トヨトミ』。新刊が書店に並ぶたびに、「あ、万城目さんの新刊だ」と歩みを止め、本を手にとりました。それらの本は、慌ただしいこの現代の時間の流れのなかで、止まり木のように、ぼくにゆっくりとした時間をくれました。

なにかを教えてくれるというわけではないのです。ただただ、電車のなかや布団のなかで、右手でページをめくり、左の人差し指で残りのページが薄くなっていくのを感じながら、物語に没頭します。

万城目さんが描く物語は、平凡な現実世界のなかに、「鹿」や「オニ」などの非日常が入り込んできます。登場人物たちはその非日常によってあたふたするのですが（そこには電車のなかで吹き出してしまうほどのユーモアがあります）、物語世界にはどこか寂しさが漂っています。

一言でいえば、「可笑しいのだけど、寂しい」。その読後感を、ぼくは愛しているのだと思います。

たとえば、すごく辛かったり、かなしかったりするけれど、もう一方で、そういう自分が可笑しい。逆にいえば、お腹を抱えるほど可笑しかったり、うれしかったりしているけれど、その一寸先には寂しさや孤独が見える。その感じは、同年代だからこそ容易に理解できるものなのかもしれませんし、もっと普遍的な何かなのかもしれません。

二〇一三年、『とっぴんぱらりの風太郎』で、作家の小説世界は大きく広がります。作家は、上述したような「可笑しいのだけど、寂しい」の先にあるものを、これまでの最大の原稿枚数で書き切ります。

ぼくは最後の一ページを読み終わったあと、ああ、万城目学と同じ時代に生きていてよかった、とため息をつきました。それは、幸せというより、もっと身体に力がみなぎるような充実感でした。

そして、二〇一六年の三月に刊行された『バベル九朔』。二〇代後半だった作家は四〇歳になっています。もちろん、読者であるぼくも、作家と同じように年齢を重ねています。

作者自身を思わせる小説家を夢みる主人公と、主人公を非日常に誘う一羽のカラス。飄々としたいつもの物語は、あるページから劇的に変化していきます。

四六判・B6判並製

リタイア夫の妻たちへ 整えたいのは家と人生 実は夫もね…
マダム市川がたどり着いたハウスキーピングと幸せの極意
市川吉恵
1694円

ベスト・オブ・平成ドラマ！
30年間に映し出された最高で最強のストーリーがここに
小林久乃
1650円

87歳ビジネスマン。いまが一番働き盛り
人生を面白くする仕事の流儀とは
郡山史郎
1540円

司書さんもビックリ！ 図書館にまいこんだ こどもの大質問
かわいい難問・奇問に司書さんが本気で調べ、こう答えた！
こどもの大質問編集部【編】
1485円

奇跡を、生きている
病気になってわかった、人生に悔いを残さないための10のヒント
横山小寿々
1650円

1秒で攻略 英語の落とし穴大全
日本人がやりがちな英語の間違いをすべて集めました。
佐藤誠司【著】
小池直己【著】
1859円

プロスポーツトレーナーが教える 背骨を整えれば体は動く！ラクになる！
根本から体が変わる。1分間背骨エクササイズを初公開！
木村雅浩
1595円

いぬからのお願い
たくさんの動物たちと話してきた著者が贈る愛のメッセージ
中川恵美子
1628円

日本初の[illegible] 「胸(バスト)」からきれいに変わる 自律神経セラピー
肩こり、腰痛、冷え…女の不調のサインは「胸」に出る！
[illegible]
1650円

必ずできる、もっとできる。
大学駅伝3冠の偉業を成し遂げた、新時代の指導方法とは
大八木弘明
1650円

古代日本の歩き方
古代日本の実像は、いま、ここまで明らかに―。
瀧音能之
1705円

保健室から見える 本音が言えない子どもたち
思春期の生きづらさを受け止める「保健室」シリーズ最新刊！
桑原朱美
1540円

どんどん仕事がはかどる「棒人間」活用法
絵心が無くても大丈夫！ 誰でも描けて、仕事がはかどる魔法のイラスト
河尻光晴
1650円

子どもの一生を決める「心」の育て方
読むだけでわが子の心が見えてくる！
山下エミリ
1595円

100の世界最新研究でわかった 人に好かれる最強の心理学
科学が実証した、正しい「自分の魅力の高め方」がわかる本
内藤誼人
1705円

しみる・エモい・懐かしい 大人ことば辞典
令和の今だからこそ心に響く、洗練された日本語辞典
ことば探究舎【編】
1595円

表示は税込価格

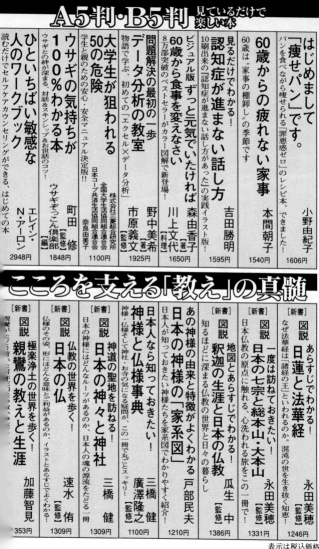

ミーポンとヨチの
書のーと
ズラ命」の巻
リモコンをにぎるととんでくる…
ミーポンどいてぇー!
アレ?

構想や原稿を送ってね! お待ちしてます～♪

青春 読…
第127回「イタ…
テレビ
ほ〜れ ほれほれ〜
はっ
よっ
「好かれるには相手の視界に入ればいい」
何カン違いしてるニャよ
？
好かれたいの？
©R&S COMMUNICATIONS

物語の詳細は、読んでいただき、読者自身の手で、頭で、こころで楽しんでいただきたいのですが、ぼくは読了後やっぱり、「この作家と同じ時代に生きていてよかった」と思いました。

これまでの物語で紡ぎだしてきたものの、さらに先にあるものに触れようとする作家の手の指の先。それがキラリと目に映るような気がしました。

作家は読者と一緒に年をとります。

皆さんもぜひ、本屋さんでお気に入りの作家を見つけてください。

移動図書館ひまわり号（二〇一七年二月）

『移動図書館ひまわり号』　前川恒雄 著（夏葉社）

中高生ぐらいまでは自由になるお小遣いが少なかったので、よく図書館に通っていました。歩きながら本を読んでいたのはこのころで、大人になってからはそうした経験をしたことはありません。それくらい一〇代のこころに、本が、物語が強く響いたのです。

ぼくは今年四一歳になりますが、つい最近まで図書館という場所は、海や山のように自然にあるものだと思っていました。

でも、違ったんです。自分の不勉強をものすごく恥じています。

ある時代までは図書館はみなが利用する場所ではなく、受験生たちの勉強部屋でした。多くの図書館では借りられる本がたったの一冊で、その蔵書のなかにはあたらしい本がほとんどありませんでした。

それが大きく変わるのは一九六〇年代の半ばです。東京の日野市に誕生した「移動図書館ひまわり号」が図書館の在り方を劇的に変えます。それは感動的といっていいくらいの変化です。

今回はこの話をさせてください。

当時の日野市は人口が七万人弱もあったにもかかわらず、図書館はひとつもありませんでした。そもそも図書館がほしいという需要さえなかったのです。それは日野市だけの特殊な事情というのではなく、少なくない市町村がそうでした。

でも、図書館は本当はそんな場所ではないのだ、すべての市民の役に立つものなのだ、そういう理念をもって登場したのが「移動図書館ひまわり号」です。

「ひまわり号」を運営する司書たちは、移動図書館で市内を駆け回り「誰でも簡単な手続きで本を借りられます。子供の本も小説もあります。ほしい本があったらリクエストしてください」と市民に声をかけ続けました。当時は子供が「おじさん、この本、いくらで借りれるの」と尋ねるくらいに、図書館は市民の生活とはかけ離れた場所でした。

司書たちは公務員だからその仕事を真剣にやっているということ以上に、もっと強い気持ちをもって図書館を運営していたように思います。

当時の日野市立図書館館長であった前川恒雄さんは、その著書のなかでこんなことを書いています。

「日野のある市会議員が私に、冗談めかしてこう言った、

『みんなをあんまり賢くしてもらうと困るんだよなあ』

人々が賢くなり知識を持つことを恐れる者たちが、図書館づくりを陰から妨害する。自分の貧しい精神の枠内で人々を指導しようとする者たちが、図書館の発展を喜ばず、人々を図書館から遠ざける」

ぼくはこの記述を読むたびに、冷やりとした気持ちになります。

図書館もまた税金によって運営されています。なぜ税金をつかうかといえば、単にレク

レーションのためだけではなく、本が借りられることによって、市民の生活が豊かになると考えられているからです。

前川さんの言葉を借りれば、「人間には本能的に知的好奇心があると思う。何かを知りたい、何が正しいか判断したい、美しいものに接したい、このような知的な向上心はすべての人に備わっている」(『新版図書館の発見』日本放送出版協会)。だからこその図書館であり、さらに突っ込んでいえば、市民が「資料を要求して、それを理性的に検討し自己の意見を自主的に決定する、という合理的精神」を自由に養える場所として、図書館は存在しています。

一九六〇年の当時はまだ戦争の影が色濃く残っていて、ああいう悲惨な過ちを二度と起こすまい、という強い気持ちが図書館を運営する人たちの心には強くあったのではないでしょうか。司書たちはなにより、市民たちの手でよりよい社会をつくる、その手助けをすることに大きな使命を感じていたように思います。

有川浩さんの『図書館戦争』では、この日野市がとても重要な場所として登場します。『移動図書館ひまわり号』を読むと、図書館を見る目が一八〇度変わります。

古本屋さんへ行きたくなる（二〇一七年三月）

『気がついたらいつも本ばかり読んでいた』　岡崎武志著（原書房）

それまで古本屋さんは男たちの世界でした。

ぼくは岡崎武志さんと角田光代さんの共著である『古本道場』（ポプラ社・二〇〇五）が書店店頭に並んでいた日のことをよく覚えています。茶色くて、かび臭くて、どちらかというとマニアックな世界に属していた古本が、この本の装丁の写真のなかで、白地を背景にきれいにカメラに収まっているのを見て、なんとも不思議な気持ちになりました。

そのころ二〇代だったぼくは古本が好きで、しょっちゅう古本屋さんに通っていました。だれに話すこともなく、だれに見せびらかすこともない、ぼくの部屋だけで輝く何十、何百冊もの古本。けれど、『古本道場』の登場で、そこにあたらしい光が差し込んだ気がしました。

この本との出会いから四年後、ぼくは自分で出版社を立ち上げ、古本をめぐる状況が変わっていっていることを肌身で知ります。

ぼくは本を営業するために、全国の大都市をさまよい歩いたのですが、そこで知ったのは、大きな街には必ずといっていいほど、あたらしくて、きれいな古本屋さんが存在しているということでした。

そして、そういう店にはたいてい、若い女性のお客さんがいました。彼女たちの多くはおそらく、男たちほどマニアックなわけではなく、自分の感性でいいなあと思う古本を買っていきます。

本屋さんも古本屋さんもそうですが、店はよく買われる商品を補充することによってその品揃えを日々変えていきますから、そうしたあたらしい店の棚は、従来の古書店の棚とはずいぶんと違っていました。

岡崎武志さんの本を読むと、著者がいかに古本の魅力を伝えることに長けているかがわかります。

懇々と説くわけでもなく、熱く力説するわけでもなくて、「いいなあ」「おもしろいなあ」といい続ける。そうすると、読んでいるこちらも、岡崎さんの横に並んでいっしょに、「いいですねえ」「おもしろいですねえ」と相槌を打っているような気持ちになります。

二〇一六年の冬に刊行された『気がついたらいつも本ばかり読んでいた』は、岡崎さんがこれまでに発表した書評・ブログに、自身によるイラスト、文豪や女優などの写真をちりばめた、とてもたのしい本です。紹介される本は数知れず、映画やテレビ、音楽の話もたくさん出てきます。

岡崎さんはそれらを探し求めて読んだり見たりするのではなく、出先や家のなかで、偶然出会います。そして、その作品世界にのめり込んでいくうちに、むかし読んだなにかをふと思い出します。

たとえば、古本屋さんや、中古レコード屋さん。たとえば、名画座のような古い映画館や、骨董屋さん。他にもいろいろ趣味の色の強い店はありますけれど、ぼくはそうした店に行くとき、どうしても肩肘を張ってしまいます。

探し求めている物に今日こそ出会いたいとか、絶対に損したくないとか、足元を見られたくないとかいう気持ちのこわばり。でも岡崎さんの文章を読んでいると、そうした気持ちが少しずつほぐれていきます。たとえ作家の名前を知らなくても、なんとなくおもしろいと思えればいいんだよな。で、買ってきてすぐに読まなくても、気が向いたときに読めばいいんだよな。そんなふうに思えてくるんです。

こうした岡崎さんの姿勢が、古本屋さんという場所の間口を大きく広げたのだと思います。少なくとも、ぼくは岡崎さんの著書の影響で読む本の範囲、そして歩く範囲が広がりました。

この本を読むと、古本屋さんだけではなく、東京にも行きたくなります。ぼくは現在、東京に住んでいますが、それでも無性に東京に行きたくなりました。

どうか気軽に読んでください。そうすれば足取り軽く、いろいろなものに出会えるはずです。

本屋さんを覗いてみませんか？（二〇一六年一〇月）

『まちの本屋　知を編み、血を継ぎ、地を耕す』　田口幹人著（ポプラ文庫）

幼いころから、本屋さんが好きで仕方ありませんでした。東京にいても本屋さんに行き、高知へ帰ってきても本屋さんに行く。

室戸の、いまはなき「オーシャン」の二階の本屋さん。港の近くのおばあさんが営む本屋さん。いまも商店街にある鍋島書店さん。店に入ったときから胸が高鳴って、お小遣いでマンガを数冊買って、それを胸に抱いて夏の日射しのなかを帰る。子どもながらに確かな幸せを感じていました。

その感覚はいまもそんなに変わりません。本を読んでいるときよりも、本を選び、買って持ち帰るときのほうがうれしい。

ぼくの尊敬する作家はあるとき、「本を買いに行きたいんじゃないんだ。本屋へ行きたいんだ」といっていましたが、まさにその通り。ぼくは本が並んでいる場所へ行くのが好きなんだと思います。

では、なぜそんなに本屋さんに惹かれるのか？

生物学者の福岡伸一さんは『婦人之友』という雑誌の対談のなかで次のように話されています。

「いまはコンピュータで検索すると、何でも答えが出てきて、インターネット書店で本を注文すると次の日には届きます。でも、ネット書店では買えない本がある。それは、自分が全く知らない本。ネットの検索では、自分が全く知らない概念を調べることはできません。でもそれは、本屋さんに行くと出会うことができたりするんですね」

年をとり、好奇心が以前より衰え、あたらしいものを拒否する。そういう姿勢を老いとするなら、棚に並ぶ本を端から端まで眺め、それまで読んだことのない分野を知りたいと願う気持ちこそが若さだと思います（幼いころに町の本屋さんや図書館で、「ここに並んでいる本を全部読みたい」と願ったその感覚こそが、その若さの最たるものといえるのではないでしょうか)。

『まちの本屋』の著者である田口幹人さんは、岩手県盛岡市にある「さわや書店フェザン店」で働いていています(当時)。

「本屋は文化を発信するわけではありません。地域が文化を発信するとき、その下支えをするものとして、本屋が存在できればいいなと思っています」と書き、「文化をつくっているのは、そこに来てくださるお客さまであり、地域の人たち」であると説くこの本は、不況ばかりがいわれる出版業界のなかにあって、たしかな光として輝いています。

「まちの本屋さん」が魅力的な店をつくり、その本屋さんに惹かれて、人びとが本のある場所に通い、リクエストし、本屋さんをより魅力的な場所にする。そういう豊かな循環がこの本のなかには描かれています。

しばらく本屋さんに寄っていないという方、ちょっとだけ本屋さんを覗いてみませんか? そして、その本屋さんが勧めている本を少しばかり手にとってみませんか?

そこから始まる物語は無限にあります。本は、過去にも、未来にも、世界にも、地域にもつながっています。

曲がりくねりながら進む読書道（二〇一六年一一月）

『聖の青春』　大崎善生 著（角川文庫）

話題の『聖の青春』をこの秋、はじめて読みました。二〇〇〇年の二月に単行本で刊行されて、その翌々年に文庫になったノンフィクション。傑作でした。しばらく村山聖のことが頭を離れませんでした。なんでこれまで読まなかったんだろう？

二九歳で早逝した、将棋に人生のすべてを捧げた少年の話。ぼくは将棋のことがまったくわからないのですが、それでも堪能し、感動しました。

ここには誰もがあこがれる人生の純粋な形があります。なにかに夢中になり、寝る間も惜しんで願い続け、そのことに命をも賭ける。

一九六九年生まれの村山聖は五歳で腎ネフローゼという難病に侵され、六歳で将棋に目覚めます。翌年には対戦相手もいないのに「漢字は読めんけど、でも大体のことは前後を何度も読みかえせばわかるんじゃ」といって大人向けの将棋の本を病床で読み続け、「名人になりたい」と願うようになります。

村山は生き急ぎます。重い病と闘いながら、郷里の広島から東京へ行って強い相手たちと将棋を指し、一四歳で親元を離れ、森信雄という大阪在住のプロ棋士の家に住み込みます。

「朝起きて食パンをかじってから学校へいく。授業終了後は将棋会館の前で待ち合わせて、森と夕食をともにする。それから棋士室で将棋の勉強。そして雀荘へ森を迎えにいき、森の麻雀が終わるのを待って二人で歩いて帰る」

そうした将棋漬けの日々を基盤に、村山はめきめきと腕を上げ、やがて「西には怪童村山がいる」といわれるようになります。しかし同じころ、東、つまり東京には天才羽生善治が頭角を現しはじめていました。

ぼくがこの本を知ったのはたしか三、四年前です。すごくよかったからお勧めする、と知人にいわれて買ったのですが、長いあいだ本棚に差したままでした。今回読んだのは、ほかでもない、この秋『聖の青春』が映画化されると知ったから。話題になって映画の感想をだれかに聞かされる前に読んでおこう、と思ったのです。

こうして具体的な何かをきっかけに本を読めることを幸運なことだと思います。本には「読み時」というようなものがあって、ぼくの場合、それを逃すとなかなか一冊の本を読み通すことができません。

我が家にはいわゆる「積ん読」、つまり買って積んだままの本が千冊近くあって、それらがいつでも「読み時」を待っています。

たとえば、ぼくのなかの何かが変わって、または何かが熟して、ある本を読んでみようと思う。けれど、そう思っていた矢先に、いま読んでいる本に深く影響されて、まったく違う本を読みはじめる。あるいは、いま読んでいる本に強く反撥して、別のジャンルの本を読みはじめようとする。

かくのごとく、ひとりの人間の読書の道はさまざまな形に曲がりくねっていきます。

ぼくが一八歳のときに『聖の青春』を読んでいたら、ぼくの読書はまったく違うものになっていたに違いありません。もしかしたら、人生すら大きく変わっていたかもしれません。一冊の本の力とはそれほどまでに大きなものです。

一方で、「読み時」だと思って読んだ本がまったく自分に合わなかった、という経験もあります。そういうとき、読書という行為そのものまで嫌いになり、「金輪際、本なんか読まなくてもいいや」とすら思うこともあります。なんていったって、世の中には読書のほかにもおもしろいことがたくさんありますし、若いころは友人や恋人と過ごす時間こそがいちばんたいせつなので。

けれど、ぼくは約二〇年間、本を読み続けています。最近は土日は読まないことのほうが多いのですが、平日は毎日なにかを読んでいます。

それはやっぱり、世の中に『聖の青春』のようなすばらしい本がたくさんあることを知っているからです。いま読んでいる本はボチボチだけど、次に読もうとしている本はもしかしたらすごいかもしれないぞ。そんなことを思いながら、眠い目をこすって日々本を読んでいます。

ちなみに『聖の青春』を読んだあとに買ったのは、『羽生善治のこども将棋 序盤の指し方』です。

読書の道はかように、曲がりくねりながら、いつまでも続いていきます。

わからないジャンルの本にチャレンジする（二〇二〇年七月）

『寺田寅彦随筆集』 小宮豊隆 編 （岩波文庫）

小学生のころから理科が苦手で、おしべとめしべの区別の段階ですでに、「ぼくにはわからないな」と考え込んだ記憶があります。算数はそれほどではありませんでしたが、高校のころになるとやはり苦手となり、自然と文系の道に進みました。

大学ではそれなりに勉強をし、専門が会計だったこともあって、数字を扱うことが好きになりました。けれど卒業後に、塾の講師のアルバイトの採用テストにのぞみ、中学生向けの数学のテストで0点をもらってからは、理系にかんするあらゆることを避けるようになりました。

それなりに「できた」という手応えがあったのに0点。あきらめというより、やっぱりできないんだ、と自分を再発見したような気持ちでした。


文系と理系をはっきりと分けるのは、日本ならではの慣習だといいます。欧米ではそうした区分けはないそうですが、高校以来、そうした区分けに慣れている側にとっては、読む本を選ぶときだけでなく、人物を選評するときにも、「あの人は文系だから」とか「あの人は理系だし」などといいます。自分が理解できないなにかにこうしてレッテルを貼っているというわけです。

なにがそんなにわからないのか?

それが認識できていれば苦労はしないのですが、個人的には、数式・法則・定理といったようなものが苦手です。有名な「すべての物体は、外部から力を加えられない限り、静止している物体は静止状態を続け、運動している物体は等速直線運動を続ける」というニュートンの法則からして、クエスチョンマークの連続です。

いっていることはわかるのですが、それを自分の経験と照らし合わせて理解することができません。それはそういうものだから、と頭のなかに叩き込めばいいのか。あるいは、自分で納得するまで観察、実験をすればいいのか。

こうした理系アレルギーを克服したいと願うようになったのは、やっぱり日々の読書がきっかけです。

物理学者、数学者たちの書く文章には、文学作家たちが書く文章とは違う味わいがあり、その魅力がどこから来るのかを知りたくなったからです。

最初に惹かれたのは、朝永振一郎の文章でしたが、高知といえば、やはり寺田寅彦を避けてとおるわけにはいきません。

コロナ禍で仕事の時間が減り、週末の楽しみであったサッカー観戦もかなわなくなってしまったので、今年の春は自宅で岩波文庫の『寺田寅彦随筆集』（全五巻）を読んでいました。

寺田寅彦は夏目漱石の弟子であり、物理学者でもありますが、若いころから漱石の薫陶を受けていたこともあり、文章が抜群に上手いです。

この「文章が上手い」というのは語彙が豊かであるとか、常人には思いつかない比喩をつかいこなすというのではなく、文章が正確で、かつ魅力的だということです。いたずらに自己を語ったり、センチメンタルに陥るのではなく、なにかを見て、それについて考える。文章は切れ味がよく、いまから約一〇〇年前に書かれたものであるのに、そこには清新な輝きがあります。

おそらく、寺田寅彦は一部の例外をのぞいて、いわゆる文学的なものを評価していなかったように思います。世に流通している文学はあまりにも衒学《げんがく》的で、自惚《うぬぼ》れている。そんなことはこの随筆集のどこにも書いてありませんが、物理学者ならではの厳しい目が文学を含むあらゆるものに向けられています。

そうして、この稀有な書き手が再発見するのが俳句であるというのは、とても興味深いことだと思います。俳句は自分語りではなく、またテクニックでもなく、外の世界を見つめることで生まれ、その広い世界のなかでの自分を見つける、世界にも比べるもののない完成度の高い芸術形式だと、寺田寅彦は書きます。

もちろん、高知の話もたくさん出てきます。ぼくが知らない時代の高知であるのにもかかわらず、この本を読みながら、たくさんの昔のことを思い出しました。

いちばん鮮明に思い出したのは、子どものころにたのしみにしていた浜辺の新盆のこと。夜の太平洋を背にして、浜に遺影がいくつも並び、ぼくはそこで従兄たちと遊び回りました。

ある年、一〇代の男の子の遺影が並んでいて、叔母から彼がバイク事故で亡くなったことを聞きました。不思議とその彼のことがずっと忘れられず、寺田寅彦は、そういうさまざまな日常の「不思議」についても、たくさんの魅力的な原稿を書いています。

本を選ぶコツって？（二〇一八年二月）

『これから泳ぎにいきませんか』穂村弘著（河出文庫）

たまには本を読んでみたいけど、種類が多すぎて、なにから読めばいいのかわからない。そんな話を聞くことがあります。

ぼくもそういうときがあります。なんとなくこういう本を読みたいんだけど、その「こういう」が言葉では上手く説明できない。わかるのは、明るい感じか、暗い感じか、その抽象的なふたつの方向だけ。

実際に本屋さんで本を手にとり、帯に書かれた文章や、文庫本の後ろに書かれている説明文を読んでみるのだけれど、どれも違うような気がする。無理して家に買って帰っても、読まない気がして仕方ない。


それとは逆に、本屋さんに並んでいる本のすべてがおもしろく見えるときもあります。ああ、これこそぼくが探していた本だと思って、一冊を脇に抱え、レジに向かうと、違う本が目に入る。「いいやこれも買ってしまえ」と思い、ふたたびレジに向かおうとすると、後ろ髪を引かれる思いがして、もう一度売り場に戻る。目にする本のすべてに興味が湧き、気がつくと、レジに持っていく本は五冊に増えている。

買ったからといって、すぐに読むわけではありません。読みはじめるのは、こころの調子がいいときだけ。

調子が悪いときは、スマートフォンを眺めたり、電車で遠くへ行って、洋服やら雑貨を見たりします。

そして、そういう日々を何日か過ごしているうちに、なんとなく、「あっ、本を読みたい」、あるいは「いまなら本を読める気がする」と思えるときがやってきます。

そこでぼくはようやく、最初のページを開くのです。

こころが弱っていて、本を選ぶ気力がなくて、でもどうしても本を買いたいとき、ぼくは好きな作家の未読の本を選びます。

そうした本があいにく書店に並んでいないときは、友人や、尊敬している先生の推薦している本を選びます。ぼくはこれまで、友人が勧めている本を読んで、「全然おもしろくないなあ」と思ったことが何度もありますが、そのことによって逆に、友人の知らない部分を知ったり、自分の読書の範囲が思いもよらぬ方向へ広がったりした経験があります。

それ以外にも、本が好きな人であれば、本にまつわる本を読むという選択肢もあります。代表的なのは「書評集」ですが、書評集と銘打っていなくても、本にかんする文章がとても多い本もあります。そういう本を読むと、読みたい本が次から次へと増えて、ほんとうに困ります。

二〇一七年の一一月に出た歌人穂村弘さんの『これから泳ぎにいきませんか』は、いわゆる書評集です。文庫本のあとがきや新聞に掲載された書評が計七七本。つまり、この本を読むと七七冊のあたらしい本に出会うことができます。

「普段はすっかり忘れているその想いが、作者の丁寧でしかし異様な熱を孕《はら》んだ言葉に触れて目覚める。そのとき我々の中から、さまざまな感情や感覚が溢れる。懐かしさ、愛《いと》しさ、悲しさ、楽しさ、優しさ、怖さ、その種類は問題ではない。溢れることが喜びなのだ」

言葉は平明で、どの書評を読んでも、本を読む喜びに溢れています。純文学も、ミステリーも、短歌も、詩集も、マンガも、同じ熱量で「ぺろぺろと嘗めるように」読む穂村さん。

ぼくはこの本のせいで、歌集と少女漫画に手を出すかもしれません。最近、お金あまりないいんだけどなあ。でも、いまなら、たくさん本を読める気がするからなあ。

読書は悪薬にもなる（二〇一八年五月）

『発達障害』岩波明著（文春新書）

久しぶりに、おそろしい本を読んだという思いです。

岩波明著の『発達障害』。

子どものことでインターネットを検索すると、よく「発達障害」という言葉に出会います。「しゃべり始めるのが遅い」とか、「なかなか友だちの輪に入れない」とか、「マイペース」とか、そういう子どもの個性にまつわることを知ろうとすると、検索結果には決まって、「もしかしたら、それは発達障害なのでは?」と出てくるのです。

ぼくは「障害」という言葉の強さに、たじろぎます。ぼくが学生のころには、その言葉はまだ一般的ではなかったので。

本書によれば、それが広く知られたのは、二〇〇〇年に起きたある殺人事件から。一七歳の少年による理由なき殺人の原因として、この言葉がマスコミによって喧伝されました。

なお、「発達障害」とはあくまで総称であり、より正確にいうと『発達障害』とは、アスペルガー症候群(アスペルガー障害)を中心とする自閉症スペクトラム障害(autism spectrum disorder:ASD)注意欠如多動性障害(ADHD)などを漠然と指して」います。これらの詳しい話は本書にゆずるとして、ぼくがおそろしいと思ったのは、次のような理由からです。

ぼくには二〇年来の友人がいます。彼は頭がよく、プライドが高く、ときにこちらがびっくりするくらいに、ぼくや友人を口撃します。そのたびに胸が痛みますが、それもまた彼の個性だという認識があるから、ぼくたちは仲違いするようなことはありません。

彼の性格は一言でいうと、「気難しい」です。学生時代であれば、その彼の性格を愛する人が彼のまわりを取り囲んでいましたが、社会人になると、その性格が彼の目の前に大きな壁となって現れ、彼を苦しめます。彼は結局、数年で会社を辞め、それからずっと精神障害とたたかっています。

一時期は、もう付き合うことは難しいと思ったくらいに彼の生活はすさんでいましたが、いまは学生時代のころと同じように、いっしょに旅行に行ったり、お酒を飲んだりしています。


ぼくは今回『発達障害』を読み、そのいくつかの特徴のなかに、友人の姿を見つけました。

コミュニケーション能力の拙さ、他者への関心の薄さ、極端な偏食、そして社会人になってからの精神疾患の発症。

ぼくがおそろしいと思うのは、これがぼくのたんなる勘違いかもしれない、ということです。

しかし、この本を読み、発達障害にかんして少しでも知ってしまうと、上述の友人だけではなく、たくさんの人々の特徴的な振る舞いが次々と頭に浮かんでくるのです。

当事者にとっては、自分が障害をもっていると認識することは、生きていく上で大切なことです。なぜなら、「これはできないが、これはできる」という自己理解が、社会での居場所を見つける上でとても役に立つからです。

けれど、そうでない人間が誰かにたいして「あの人は発達障害かもしれない」と思ったり、口にだして指摘したりすることは、社会にあらたな断絶を生みます。それはときに、差別に発展する可能性をもはらんでいます。

必要なのは、繰り返し学ぶことでしょう。

そうした行為を怠り、新書一冊分の知識ですべてを知り得たと勘違いしたときに、本は良薬ではなく、悪薬にもなるのだと思います。

熊本の大好きな本屋さん（二〇一八年八月）

『猫はしっぽでしゃべる』　田尻久子著（ナナロク社）

ひとりで出版社をしているので、書店営業にはよく行きます。北海道から沖縄まで。子どもが生まれる前は、しょっちゅう全国を飛びまわっていました。

そうすると、郷里の高知以外にも好きな場所ができます。旅先のホテルやファストフード店のなかで、ここに暮らしたらどんな人生になるのだろう、と想像する日々。

具体的に、「住みたいくらい好きだなあ」と思ったのは、盛岡、京都、熊本、大分県の佐伯などです。理由はもちろん、それらの土地には大好きな本屋さんがあるから。

ぼくにとって、本屋さんのない暮らしは考えられません。インターネット書店でもいいのでは？　という意見もありますが、求めているのは、落ち着ける場所なんです。喫茶店や親戚の家のような、人心地つけるような場所。

旅先で本屋さんに入り、そこでこころを整え、大切な夜の時間をどうすごそうか考えます。または、もっと遠い未来のことも考えます。

ぼくはこれから、どう生きたらいいのだろう？　美しく生きるためには、なにをすればいいのだろう？

　営業マンとして書店に来ているときは店主たちとたくさん話しますが、お客さんとして来ているときは、まったくといっていいほどしゃべりません。学生のころと同じように、黙って本を選び、お釣りを受け取るときだけ、「ありがとうございます」といいます。

　それでもごくまれに、本屋さんのなかで営業マンからひとりの本好きに変わることがあります。それまでたくさんしゃべっていたのに、急にその相手の存在さえも忘れて、目の前の書棚を見ることに夢中になってしまうのです。

　それは決まって、夜の時間です。背表紙のタイトルがぼくの記憶を刺激して、本を選んでいるだけで、なんだか懐かしい物語を読み返しているような気持ちになります。

　手に取るのは、読み出のある本。厚めの海外文学や、すこし値段のはる写真集。決してとっつきやすくはないのですが、見た目だけで「これは大切な本だな」とわかる本。

　さっきまで世間話をしていた店主に「これ、買います」というと、彼女は「これ、おもしろいよ」とか、「これ、いいよね」とか、言葉をくれます。それから、その本にまつわるエピソードや、その作家の違う本のことも教えてくれます。

　そうした言葉ひとつひとつが、ぼくがこれから買おうとしている本を特別にしてくれます。

彼女の本屋さんは熊本にあります。

店の広さは二〇坪ほど。店の棚には、彼女がひとつひとつ真剣に選んだ本だけが並んでいます。その蔵書量は世間一般のふつうの本屋さんと比べればとても少ないですが、「彼女が選んだのだ」という親密さが店内に満ちています。

彼女の本屋さんでは珈琲を飲むこともできます。本を買い求めると、ぼくはそれをパラパラとめくりながら、珈琲を飲みます。

書店にはぼくのようなお客さんがたくさんいます。彼らはカウンターで店主と話したり、もってきた本を読み耽ったり、または読み耽るための本を求めて、本棚を眺めたりしています。

『猫はしっぽでしゃべる』は、その彼女のはじめてのエッセイ集です。

「お城の石垣が壊れても、／阿蘇の山が崩れても、／橙書店は、場所を変え、姿を変えながら、／わたしたちのそばにありつづける。／こんなに小さくて、／こんなに狭いからです。／本と人しか、いないからです」

書店のお客さんである詩人の伊藤比呂美さんの言葉が、この店のことを雄弁に語っています。

橙書店という名前、ぜひ覚えておいてください。

人生に迷っている若い人に（二〇一九年一一月）

『べらぼうくん』　万城目学 著（文春文庫）

早いもので、この連載を担当して、もう三年以上になります。毎月、今回はなにを紹介しようかと考えながら、本屋さんに行き、自分の部屋に積んである未読の本をがさごそと探します。読みはじめてすぐに「これだ！」と思うこともあれば、読み終わってから何日間も「この本でいいのだろうか?」と迷うこともあります。

読者に伝えたいのは、読書というのは本当におもしろいということ。そして、いい本に出会うことができたら、読書は次々とつながっていき、一生の趣味にもなり得るということです。

読むのにものすごく骨が折れるような本は最初から候補に挙げません。一方で、あっという間に読めてしまうような「わかりやすさ」を最大の価値とするような本も紹介はしません。そうした「わかりやすさ」というものは、書かれているすべてのことが、自分の理解できるレベルにまで咀嚼されているからこそわかりやすいのであって、そのことが逆に読書の魅力を妨げます。

一冊の本との出会いというのは、たとえるなら、ひとりの人との出会いであって、「世の中にはこんな人もいるんだ」とか、「最初はとっつきづらいかと思ったけれど、ほんとうは、この人はこんなに魅力的なんだ」とか、そういう人間の多様さと同じ類いのものです。

「わかりやすさ」を最も重視するというのは、意味の伝わるスピードを最優先するということであり、それは見知らぬ人との出会いや、友人との付き合い、家族の親密な時間というよりも、ビジネスの世界の価値観に近いものだと思います。

その世界では、なにかを一〇行で伝えるよりも一行で伝えることに価値があります。そこで使われる言葉は誰にでも通じるものでなければなりませんし、受け取り手ひとりひとりによって解釈に差が出てくるような言葉は敬遠されるどころかNGです。

そうした価値観が悪い、といいたいわけではありません。けれど、すべてがそういう物差しで測られてしまうと、言葉の世界はだんだんとしぼんでいきます。

言葉というものは情報を正しく（かつスピーディに）伝えるためのものでもありますが、一方で、「私」のことを誰かに伝えるためのものでもあります。そういうときに、「わかりやすさ」だけを念頭に置くのであれば、たいていの人は自分に嘘をつかなければなりません。ほんとうはそうではないのに、「おもしろい人」、「やさしい人」、「感性が豊かな人」

などという一面的なレッテルを貼って（貼られて）、だれかとつきあい続けなければいけない苦痛。

人間は言葉によって考え、世界を広げていきます。それはたくさんの人と話をすることによっても成し遂げられますし、たくさんの違った作家の本を読むことによっても成し遂げられます。

そうした行為をコツコツと積み重ねていけば、複雑なものごとも複雑なままに理解できるようになりますし、逆にそうした訓練を経なければ、あらゆるものごとを単純化して理解しなければいけないようになります。

人間というものは、ひとりひとり個性があり、みながひとりひとり違っているのに、そんな簡単なことでさえも、ある日わからなくなっている。ぼくはそのことを恐れているから、毎日本を読み続けているのかもしれません。

前置きが長くなりました。今回は、この本の56ページ目で取り上げた万城目学さんの本を紹介させてください。

『べらぼうくん』は小説ではなく、作家の自伝エッセイです。大学受験に失敗した一八歳の春から作家としてデビューする三〇歳の春までのことを、いつまでも続いてほしいと思わせる小気味いい文章で、おもしろおかしく綴っています。

あはは と笑いながら、ときに驚くほどに核心をつくような一文と出会えるのは、この作家の作品の特徴であり、本書が連載中に「人生論ノート」と題されていたゆえんでもあります。

ここには、作家が自分の言葉と文章を獲得するまでの過程が鮮明に描かれています。国立大学を卒業し、一流企業に就職したのに、なぜリスクの高い作家を目指すにいたったのか。二〇年前に出会っていれば、もっと違う人生を歩めたかもしれない、ぼくはそう思いながら読みました。

とにかく面白い本を読みたい人、それと、人生に迷っている若い人におすすめです。

いい文章ならいい小説（二〇二一年一〇月）

『石ころ路』田畑修一郎 著　山本善行 監修（灯光舎）

いちばん最初に文学に触れたのは、ご多分に漏れず、高校の国語の教科書をとおしてです。一年生で芥川龍之介の「羅生門」、二年生で中島敦の「山月記」と夏目漱石の「こころ」、三年生で森鷗外の「舞姫」を学びました。

その四つの作品はこころに残りましたが、その経験によって自分の人生が変わったかというと、まったくそうではありません。おもしろいけど、ひとりでそうした作品を読むのには骨が折れそうだったし、一六〜一八歳の若者の目から見れば、世の中には文学よりおもしろそうなものがたくさんありました。

たとえば音楽、たとえばスポーツ、たとえば恋愛。文学あるいは読書がそれらよりも価値がある行為だとは思えませんでしたし、いまでも、そうは思っていません。

文学を読みはじめたのは、大学に入り、ひとえに、人生に行き詰まったからです。

学生のときは、いくら自由であるように見えても、私たちは一本のレールの上で競争することを強いられています。学校の勉強とは畢竟、いかに効率的に学ぶかによって差がつくのであり、それはつまり、五時間かかることを一時間で済ますことのできる能力を身につけるためのものといっていいかもしれません。

学力を上げるということは、知識を身につけると同時に、数式や、文法、外国の過去の出来事や年代といった抽象的なことを、効率的に学ぶ力を鍛えるということです。そうした力は社会に出たときに、そのまま効率的に仕事をこなす力となるのであり、そうした力を身につけることを拒むのであれば、身体を動かす時間がそのまま価値となるような仕事を選ぶほかありません。

結論をいえば、ぼくはそうした勉強がすっかりいやになってしまったのです。話をしたこともない同級生と勉強で競争をするのもいやだったし、社会に出ることを前提としたような学問をやることもいやでした。そうではなくて、自分の人生の核に直接かかわるような、そういう勉強に身を捧げたかったのでした。

そのときに手がかりになったのは、「羅生門」や「山月記」、「こころ」、「舞姫」の読後感でした。

それらの作品は決して読みやすいものではありませんでしたが、一〇代のぼくを、人生の核に近づいているようなそんな気分にさせてくれました。

こうした文豪の作品は扱うテーマが重厚だから、文章もまた重く、読みにくいのでしょうか？　それとも、文章が重厚だからこそ、重たいテーマを扱えたのでしょうか？　あるいは、単純に一〇〇年以上も前の作品だから、読みにくいのでしょうか？

いまのぼくにはそのこたえがわかりません。

ただ、文学を読み続けて実感しているのは、小説のテーマと同じくらい、文章あるいは文体が大切である、ということです。

いい文章はいい小説であることを裏付けますが、その逆というのはありません。つまり、魅力のない文体だけれども、すばらしい小説というものはこの世には存在しません。異論はあるかもしれませんが、経験的にぼくはそう考えます。

今年の七月に灯光舎から刊行された田畑修一郎（一九〇三―四三）の作品集『石ころ路』を読んで思うのもまた、文章のすばらしさです。

「海は真青で、海岸が白く泡立っている。眺めているうちにだんだん前へ吸いこまれそうになる。この縁から思いきって飛んだらどの辺に落ちるだろうか、そう見当をつけてみると、そこいらはごろごろした岩ばかりだ。手足のこわれた人形のように、放り出した瞬間から不恰好な形をして、やがて岩の上にグシャリとなる、そういうものが一瞬頭の中を走った。僕は立ち上って、崖縁から少し遠のき、又縁まで歩いて見、その次にはもう後を見ないで内輪山の方へ立ち去って行った。しばらく、指の先きのしびれるような感じがのこっていた」

書き割りではない風景と人々。それらが渾然一体となったまばゆい世界で、読者は自分のことを忘れます。

こうした文章に出会える場所は、今はまだ、身近にあります。
本屋さん。図書館。高校の教科書のなかにも、かろうじて残っています。

本は地図に似ている（二〇二一年一二月）

『サピエンス全史　文明の構造と人類の幸福』（上下巻）
ユヴァル・ノア・ハラリ著　柴田裕之訳（河出書房新社）

本はときに、地図にも似ています。自分がどこにいるのかわからなくなったとき、本を手にとり、自分が今いる場所をたしかめます。

それはつまり、俯瞰して自分を見ることができる視点をもつということであり、自分を相対的に見るということでもあります。

毎日がたいへんで、頭のなかが散らかった部屋のようにごちゃごちゃになって、なにから手をつけていいのかわからない、そんなとき、ぼくは本を開きます。自分の内側から這いずり出て、自分を冷静に見つめたいからです。

手に取るのは、小説や詩集ではなく、ビジネス書でもなく、『サピエンス全史』のような大きなテーマの本。

いまから約七万年前、ホモ・サピエンスが文化を形成しはじめてから現在の資本主義の行き詰まりまでを描いたこの本は、刊行当時も話題になりましたが、発売して五年経ったいまも書店の目立つところに並んでいます。ぼくは二〇二一年の三月にこの本を買ったのですが、奥付をみるとなんと八八刷。まぎれもなく時代を代表するベストセラーです。

本を読むという行為は、あらゆる芸術鑑賞と同じく、「好き嫌い」が尊重される行為だと思います。一般的な作品の価値よりも、個人的な好き嫌いのほうが優先され、何人《なんぴと》もそれを侵すことはできません。だからこそ、本を推薦するというのは、よほど相手のことを知っていなければ難しいのですが、例外的に、誰にでも勧められる本があります。

それは誤解を承知の上でいえば、偏りのない本です。もちろん、原理的にそんな本が存在し得ないことは理解しています。なにかを書いたり、話したりするということは（なにかを買うという行為ですらも）、すなわち、自分の立場を証明し、どちらかの側につくということであり、完全に中立な立場に立つということは不可能です。

でも、できるだけどちらの側にもつきたくないと希望することは可能です。それは沈黙

するという行為によってではなく、また決断によってでもなく、敵のことも味方のことも
すべてを学ぼうとする不断の行為によって獲得できるものだと思います。
それはとどのつまり、歴史を紐解いていけば、敵も味方も同じ出自であるということを知るということであり、わたしたちの言葉や考えは、自分たちのオリジナルなものではなく、歴史、地理などの外因によってがんじがらめに規定されているということを知るということであり、人間は犬や、牛、蜂などと同じように限りある生命をもつ生き物であることを知るということだと思います。
そうした視座は、「敵・味方」の二項対立の世界を乗り越えます。それは「わたし」が米粒よりはるかに小さく見える、果てしない、広大な世界から物事を見るということです。本はそういう世界へ、あっという間に読者を連れていきます。そして、『サピエンス全史』はまさに、そういう本なのです。

読了するのが容易な本ではないかもしれませんが、どのページも驚きがあり、発見があります。人類の歴史を約五〇〇ページに編集できる知性こそが、現代にもっとも求められている知性なのかもしれない。そんな感想ももちました。
でも、こういうマクロ的な視点の本を立て続けに読むと、今度は、作家の個人的なこと

しか書かれていない私的な本を読みたくなります。「そうそう、こんなことで悩むよね」「そのイライラする気持ち、わかる」そんな感想をもたざるをえない随筆や私小説。

思い返せば、ぼくの読書はいつも反復横跳びです。大きな世界から個人的な世界へ。個人的な世界から大きな世界へ。

読書の魅力とは、その幅の広さでもあるように思います。

沖縄で暮らす友人たちを思う（書き下ろし）

『はじめての沖縄』岸政彦著（新曜社）

新聞を読み、インターネットでニュースをチェックしていると、毎日のように、沖縄にかんするニュースを読むことになります。それは基地のことであり、選挙のことであり、経済のことです。

連日目にするから、「またか」と思います。ぼくはそのすべての記事に目をとおすわけではありませんが、沖縄にかんするニュースは気になるほうなので、パンを食べながら、あるいは、頭の片隅で今日の仕事のスケジュールのことを考えながら、ニュースを読みます。

そうすると、ぼくはぼんやりと、沖縄で暮らす友人たちのことを思い出します。

ぼくが沖縄に暮らしたのは二〇〇〇年の二月から翌年の一月の約一年間でした。

内地の少なくない人たちと同じように、一九九五年の沖縄米兵少女暴行事件とその後の大規模なデモをとおしてこの地を意識し、日本の近現代史を学ぶうちに、沖縄に実際に暮らして、地元の人たちから話を聞いてみたい、と思うようになりました。

糸満市のアパートで生活をはじめたぼくは図書館に通いながら、戦跡を見てまわる日々を送りました。ほんとうは地元の人たちから戦争の話を聞いてみたかったのですが、声をかける勇気もなく、ただただ書物と広大な自然をとおして、沖縄の声に耳を傾けました。

生活のために近所のビデオレンタル店でアルバイトをはじめると、沖縄の人たちと話をする機会が増え、それればかりでなく、彼らと深夜まで酒を酌み交わし、恋をするまでになりました。

そうした日々のなかで、彼らと政治の話や、戦争の話をすることは一度たりともありませんでした。

ぼくが若い彼らと話したのは、家族のことやテレビのこと、それと、どこのなにが美味しいか、といったことでした。

天ぷら。パン。ステーキ。アイスクリーム。ソーキそば。

うなるように暑いビデオレンタル店の休憩室で、そんな食べ物の話ばかりしていると、自分がなんの目的でこの地に来ているのかを忘れました。

「沖縄とは、沖縄の人びとのことである。個人的な生活史を聞き取りながら、いつも私は、東シナ海に浮かぶこの島が辿《たど》った歴史について考えている。

沖縄戦の「語り方」には、いつのまにか、ある「形式」ができあがっているのかもしれない。しかし私は、どんな経験も、どんな人生も、語るに値しないものはひとつもない、と思う。この方々が戦争をくぐり抜けて、生き延びて、そしていまの沖縄がある」

岸政彦さんの『はじめての沖縄』は、ぼくが感じている沖縄への思いを代弁してくれる、そんな一冊です。

東京でニュースを通して接する沖縄と、ぼくが知っている思い出のなかの沖縄には、驚くくらいの距離があります。それは、「概念としての沖縄」と「それ以外の沖縄」といっても、そんなに過ちではありません。

だれかに沖縄の問題のことを伝えようとすると、その沖縄はどんどんとぼくの知っている沖縄から遠ざかっていきます。

ぼくはもっともっと、沖縄のことについて考えて、みんなにもそうしてもらいたいと願うのだけれど、うまくいった試しがありません。

「私たちは、世界の実在に遠く届かない、頼りない「世俗の言葉」しか持ち合わせていないのである。私たちの言葉は、世界を壊すばかりで、それを回復する力を持たされていないのだ。

私たちはそれでも、この弱々しい世俗の言葉で、世界のあり方を何度も語り直さなければならない。それしかできることはない」

岸さんのこの文章は、沖縄だけでなく、文章をとおしてなにかの役に立ちたいと願う、ぼくのひとつの指針となっています。

第三章　子どもと本

子育てが大変なときに（二〇一七年四月）

『夕べの雲』　庄野潤三著（講談社文芸文庫）

昨年一〇月三一日に、第二子が生まれました。女の子です。三年前までは家に帰っても、ぼくひとりでしたが、いまは帰宅すると部屋のなかに三人がいます。妻は家事をし、二歳の長男はミニカーをソファの上で走らせ、娘は部屋の真ん中であーあー声をあげています。本を読む時間も、テレビを見る時間もめっきり減りました。映画をまるまる一本見るというのは、いまのぼくにとって贅沢な行為以外のなにものでもありません。

長男はまだ満足に話しませんが、ぼくに向かってミニカーを指差しながら、「かっこいい」といいます。ぼくが「うん。かっこいい」と返すと、また「かっこいい、かっこいいな」と繰り返します。

ぼくは部屋着に着替え、娘を抱きかかえて、妻に「今日はなにかあった？」と尋ねます。妻は、「娘が一日中泣いていた」とか、「息子が公園の砂場で女の子にシャベルをとられた」とか、そんなことを話してくれます。

妻が疲れていると、ぼくが夕飯をつくり、妻が元気そうだと、子どもたちと遊びながら夕飯ができるのを待ちます。

娘のミルクの時間のときは、ミルクをつくり、三〇分ほどかけて飲ませます。そんなときも、息子は絵本をもってきて、やっぱり「かっこいい」とぼくに話しかけます。「うんうん、かっこいい」とぼくはいうものの、頭のなかでは仕事のことをなんとなく考えています。

息子はそれに気づくと、眉尻を下げた顔を、恋人のようにぐっと近づけて、悲しいことをアピールします。

「ごめんね」ぼくはいいますが、哺乳瓶を離すこともできないので、「またあとでね。必ず読んであげるからね」といいます。

すると、息子は泣きます。最初はぐずるように泣いていますが、あっという間に叫び声に近い大きな泣き声になります。そしてそれにつられて娘も泣きはじめます。

毎日がこんな感じです。

ぼくのこれまでの子育ての経験をひとことで言い表すならば、「大変」の一言に尽きます。育児が大変だとは聞いていましたが、これほどまでだとは思っていませんでした。親であるぼくが泣いてしまいたくなるときもあるほどです。

しかし一方で、たとえば、夜の桜並木の下を息子が駆けていく姿を見ると、「夢のようだ」とも思うのです。

これがぼくがずっと願っていた幸せの、もっとも具現化された形なのではないか？

そんなふうにも思います。

ぼくは「あぶないよ」と息子の背中を追いかけながら、強烈な幸せを感じています。

小さな肩。細い腕。

彼のためならなんでもできると思います。

今回推薦したい本は庄野潤三の『夕べの雲』です。丘の上の一軒家に暮らす五人の家族の日々を綴った、奇跡のような小説です。

『夕べの雲』ではなにか特別な事件が起きるというわけではありません。夫妻は中学生の長男のために百貨店へプレゼントを買いに行き、小学生の次男は夜、寝る前に「明日、早く起こして」といいます。母が「何かあるの」と尋ねると、子どもは「本、借りるの。早く行かないと、いい本が借りられないから」とこたえます。そんな日常が丁寧な描写でいつまでも続きます。

庄野潤三は昭和三〇年に芥川賞を受賞した文学作家。しかし、作家が自身の生活をベースに綴る多くの小説は、一般的に考えられている文学とはかなり性格を異にしているように思えます。

まず、言葉が平明です。そして、生きることの喜びに満ちています。

ぼくはこの『夕べの雲』が日本文学のひとつの到達点のように思えてなりません。文学の「ぶ」の字もなかった明治時代に、ヨーロッパの小説に倣って駆けるように近代化し、西欧の病をそのまま背負い込み、左翼化し、そして戦争の下に窒息しかかった日本文学が、ようやく取り戻した日々の生活。その喜び。

そこにはいつまでも子どもたちがいます。庄野潤三はそれをたしかめるように、彼らの仕草、言葉のひとつひとつを丁寧に拾って、小説にしていきます。

ぼくは子育てが大変なときはいつも『夕べの雲』のことを思います。

小説は、大変な生活の日々の支えになるものだと思っています。

妹に読み聞かせする兄（二〇一七年一一月）

『くだもの』平山和子著（福音館書店）

ぼくと妻は、子どもたちが本を好きになってほしいと願い、これまでたくさんの絵本を買ってきました。子どもたちに、本をとおして、想像力をやしなってほしいと願うからです。

想像力といっても、夢をつむぐような想像力ではありません。それよりも、友人たちのこころを想像できる人間になってほしいと思っています。

それはつまり、友人たちもまた、「わたし」と同じように、些細なことでよろこび、かなしみ、そして、絶え間なくなにかを感じ、考えているということを想像する力です。

その力があれば、子どもたちはきっと、社会のなかで必要とされる場所にたどり着くことができるでしょう。

でも、そうした力を欠いていると、子どもたちは自分のことしか考えられない人間になってしまうかもしれません。

それはたとえば、友人たちを「敵か、味方か」の二種類でしか見られないような人間です。

そのような人間にとって、社会は憩いの場ではなく、戦場のように見えるのではないでしょうか。

ぼくはふだんあぐらをかき、その足の真ん中に子どもをいれて、絵本を読み聞かせます。二歳になったばかりの息子はしきりに、「これ、これ」と乗り物や生き物の名前を聞いてきます。ぼくはそのたびに、「ブーブーだよ」「カラスだよ」と子どもに教えます。

最近は男の子らしく、車に夢中になって、『トミカ超図鑑』という分厚い本をもってきて、車の車種を聞いてきます。ぼくが彼に質問すると、「クラウン」、「ニッサンＧＴＲ」、「ランチア・ストラトス」と不思議なくらいにその名前をはっきりとこたえます。

そうした息子の変化を見ていると、ぼくも本を好きになったころのことをぼんやりと思い出します。

ぼくが最初に夢中になったのは、『プロ野球選手名鑑』という文庫サイズの本でした。

ぼくは当時小学校の三、四年生で、畳の部屋に寝転がって、いつまでも飽かずにモノクロの選手の写真と打率、勝利数などの成績を眺めていました。

その本を読むという行為は、ぼくにやすらぎを与えてくれました。なぜなら、本を読んでいるあいだは、その本の世界以外のことは考えたり、想像したりしなくていいからです。世の中にはいろんなことがあり、学校に行けば、いやなことも、わずらわしいこともあります。

でもそれらを一旦、脇に置いておいて、本の世界に集中します。

ぼんやりと見えてくるのは、限界のある、ひとつの世界です。

それは子どもが安心できる「箱庭的な世界」であると同時に、なにかを把握・認識し、理解するための枠組みでもあります。

息子はいま、『トミカ超図鑑』をとおして、車の世界の広さを実感しています。

そして、人間本来がもっている好奇心でもって、その隅々までを知り、覚えようとしています。

一歳になる娘も、最近は本を手にとり、二歳上の息子は妹に大きな声で本の読み聞かせをします。

息子が最初から最後まで音読できるのは、『くだもの』という平山和子さんが書いた絵本。

彼が得意げになって妹に読み聞かせている様子を見ていると、「本はいいなあ」とあらためて思うのです。

言葉の本当の意味（二〇一七年六月）

『ことばのしっぽ 「こどもの詩」50周年精選集』 読売新聞生活部 監修（中央公論新社）

近所の公園で、娘が眠るベビーカーを押したり戻したりしながら考え事をしていると、砂場で遊んでいた二歳半の息子が駆け寄ってきて、ぼくに「どした?」と聞きました。そんなふうに話しかけられたことはこれまでありませんでしたから、ぼくは思わず笑って、仕事の憂いごともすっかり忘れてしまいました。

家に帰り、妻にこんなことがあったと話をすると、妻も破顔一笑して喜びます。ぼくも思い返すたびにうれしくなります。

子どもの言葉には、魔法のような力があります。大人のこころを驚かせ、それを洗い流すような瑞々しい力。

どうしてそのような力があるのかというと、彼らの言葉はまさに生まれたばかりだからです。

二度と繰り返されることのない、言葉の誕生の瞬間。

子どもたちは幼いころのあいだだけ、詩人のように言葉を話します。

今回紹介する『ことばのしっぽ』という本は、そうした子どもたちの言葉を紹介する宝物のような一冊です。

読売新聞には五〇年続く「こどもの詩」という投稿コーナーがあり、この本はその傑作選として生まれました。登場する子どもたちは二歳から中学三年生まで。

たとえば中学三年生は、「勉強勉強勉強／勉強私勉強／勉強勉強勉強／この一年／私は勉強に囲まれている」という詩らしい詩を寄せますが、幼な子たちの発想はもっと自由です。

「おかあさん／〝さ〟と〝き〟って／けっこんしちゃうかも」

「さ」と「き」という言葉の形が似ているから、結婚するのではと考える四歳児。

「あめ　ちょうだい／いっこだけでいいです／あか　と　みどり」

こんなふうにいって親を笑わせる三歳児。

中学生たちは自分の字で詩を書き、新聞に投稿しているのだと思いますが、幼な子たちの言葉は、親が忘れないように大切に書き留めて、それを投稿したものだと思います。

ぼくにはその父母の気持ちがわかります。子どもの言葉を一言一句忘れたくない。イントネーションや、間合いや、その言葉には相応しくない長音も、促音も、全部記憶にとどめておきたい。

ぼくは夜、子どもたちのことを思い出しながら日記を書いていますが、その日のことですら、記憶はもう曖昧です。もちろん、ぼくが忘れっぽいということもあるのですが、それ以上に、子どもたちは一日ごとに、大げさにいえば、一秒ごとに成長していることが、記憶をあやふやにさせている理由なのだと思います。

いまの息子の顔は昨日の息子とは違う。

昨日おぼつかなかった言葉は、今日はもうはっきりしている。

そんなことの繰り返しで、ぼくの頭のなかの息子は、一分一秒ごとに上書き保存されていきます。

だから、日々の言葉は宝物のよう。

ぼくがいちばんすごいなあ、と思ったのは、「あかちゃんはね／いたずらで／できているんだよ」という五歳児の詩。

こんな発想は、大人にはできません。何度読んでも、ああそうだよなあ、と感嘆します。

個人的にいちばんこころを動かされたのは、こんな詩。

「おとうちゃんは／カッコイイなぁ／ぼく　おとうちゃんに／にてるよね／大きくなると／もっとにてくる?／ぼくも／おとうちゃんみたいに／はげるといいなぁ」


子どもたちはいずれ成長し、このような魔法の言葉を話さなくなります。

どんなに優れた詩人であっても、その言葉と、子どもたちの言葉は違います。詩人たちは既知の言葉を見つめ直すことで、言葉にあらたな意味を与え、子どもたちは言葉を初めて発することで、そこにあらたな意味を付与します。

かわいらしいだけではないんです。ページをめくっていると、言葉の本当の意味について、考えさせられたりもします。

寝る前に数編読むと、満ち足りた気持ちになりますよ。

夫婦で読んでみる（二〇一八年一月）

『子どもはみんな問題児。』　中川李枝子 著（新潮社）

会社をはじめて九年目。いまも変わらず、全部ひとりでやっています。本をつくり、それを営業し、書店に発送し、事務経理をやる。一年をとおして暇な時間はほとんどありません。毎日、なにかに追われています。

けれど、ぼくはいつも思います。妻のほうがよほど大変だと。

息子は三歳になりましたが、自分の主張がはっきりと出るようになり、親のいうことをあまり聞きません。息子はそれが当然の権利とでもいうかのように、自分がいまやりたいことを頑なにやります。

今朝も、息子は「上のぼる！」と出勤前のぼくに懇願していました。最近は押し入れの上の段に入りたくて仕方ないのです。「また今度」というと「上〜！」と地団太を踏みます。

ぼくが無視して出かける準備をしていると、息子は畳の部屋で遊んでいた一歳の娘にやつあたりして、頭をパチンと叩きます。「こら！」というと、キッと睨み返しさえします。

娘は大声で泣いています。これが一日中続くのですから、妻の心労たるや、です。

家をでると、ぼくは正直ほっとしています。

日によっては会社に行きたくないくらい、面倒なトラブルごとに直面していることもあるのですが、それでも外の空気を吸うと、束の間の自由を感じます。

この子育ての大変さをどれだけ社会が理解してくれているだろうか？　ぼくはときどき考えます。

三世帯が暮らす、昔ながらの暮らしをしていれば、子育ての負担は多少は軽減されるかもしれません。けれど、東京でそういう生活をしている家族は、ぼくの知っている範囲ではまったくいません（いまは高知にもほとんどいないのではないでしょうか?）。

ぼくの仕事はフリーランスのようなものですから、子どもの具合が悪ければ、出社時間を遅くしますし、あまりに妻が大変そうだったら、早く仕事を切り上げて家に帰ります。けれど、多くのサラリーマンはそうはいきません。毎日二一時、二二時の帰宅という話はザラですし、相変わらず少なくない人たちが信じられないような労働環境のもとで働いています。

もし妻のお母さんなり、子育てをサポートしてくれる人が近くに住んでいなかったら、妻たちはどうなってしまうのだろう？　と思います。

子育てという継ぎ目のないハードな仕事によって、彼女たちの何人かはぺしゃんこに潰れてしまうのではないでしょうか？


中川李枝子さんの『子どもはみんな問題児。』は、その子育てについていくつもヒントをくれます。

中川さんといえば、『ぐりとぐら』や『いやいやえん』の原作者として知られていますが、作家として独立する前は一七年ものあいだ、東京で保育士をされていました。その豊富な経験が子どもたちを見つめるおおらかな眼差しを育み、たくさんの傑作絵本を生みだす土壌となりました。

子どもをちゃんと育てなければ、という気負いが夫婦を疲れさせます。

けれど、そもそも「子どもはみんな問題児」なんだから、そんなに最初からいろいろと背負い込まなくてもいいんだ、と中川さんは教えてくれます。

「子どもは思っているよりずっと偉いのです。そして役に立ちたくてたまらないのです。上手に付き合わなくちゃ」

ぼくはこの一文を読んで、ずいぶんと励まされました。そして、「子どもはあなたよりちょっと賢い」という一文に、はっとしました。

夫婦で読まれるといいと思います。

子どもは妻だけが育てるのではなく、夫婦だけというのではなく、地域が、社会が育てるものだと思います。

わが子のためにつくった本（二〇一八年四月）

『ふたりっ子バンザイ』石亀泰郎 著（夏葉社）

我が家の長男は三歳。長女は一歳です。

最近、ようやく息子が妹をかわいがるようになりました。娘の名前は「つぐみ」というのですが、長男は「つぐちゃん、食べる?」といって自分のパンを妹にわけてあげたり、逆に「つぐちゃん、ダメ」といって、妹のわがままを叱ったりしています。そういうシーンを見ると、これまで夫婦で子育てをがんばってきてよかったなあ、と思います。

ぼくの仕事はこれまでと変わらずひとりで出版社を営むことですが、それはぼくのいまの仕事のちょうど半分です。残りの半分は子育て。本をつくり、営業するのと同じくらいの労力を子どもにつかっています。

それくらい、子育ては大変です。手を抜いてやろうとすると、それはにわかに失敗となって自分に返ってきます。子どもたちは不満をあらわにし、泣きます。それを叱ろうものなら、もう手がつけられません。暴れます。

けれど、子どもと対等な気持ちで向き合い、一所懸命遊ぶと、ほんとうにうれしそうな顔をします。よろこぶ声があふれ出るようで、身体全体をつかって（それはときに変な踊りにみえて、笑ってしまうのですが）、「たのしい！」とアピールします。

子どもたちはまだ嘘をつくことができません。心の底から、正直です。

「そんなに子育てばかりに夢中になって、本業は大丈夫なの？」といわれることもありますが、ぼくは、全力で子育てをすれば、そのことはきっと本業にも生きてくるだろう、と楽観的に考えています。

ぼくは子どもをもつことで考え方が決定的に変わりました。

それまでは、どちらかというとその場しのぎで、いまが良ければとりあえず大丈夫、という考え方でした。

けれど、子どもたちを見ていると、彼らが将来大人になったときのことまで想像して、自分の仕事を考えるようになりました。

ぼくの仕事は本をつくることです。

「本」というものは、狭義にみれば、たんなる暇つぶしのひとつかもしれません。スポーツもおもしろいし、テレビもおもしろいし、スマートフォンのゲームもおもしろい。で、本もまあまあおもしろい。そういう意味での暇つぶし。

もちろん、本にはそういう側面もありますし、ぼくもときに、娯楽性だけを求めて読書をすることもあります。

けれど、本には別の顔があります。

それは、思索のための道具という顔です。

ふだんの友人や家族との会話だけでは消化できない、個人的な悩みや、抽象的な疑問。解決するのにとにかく時間がかかるたくさんのこと。

そういうことをひとりで考えるのには、本というものの存在がとても便利です。

作者の言葉に耳を澄ませるようにしてページをめくり、長時間、活字を読むことによって、自分ではとうてい考えることができない領域のことまでをも考える。

すばらしい本を読み終えたあとには、見える景色までもが変わってきます。

子どもたちは、これから先、自分の力に余る出来事にきっと出会うでしょう。他人からの心ない言葉に深く傷つくこともあるでしょう。

親に心配をかけるからと思って話せないなにか。友人たちにも話せないし、そもそも上手く言葉にできないなにか。

そういうとき、本屋さんや図書館に行って、本を手にとってほしいと思います。

ぼくは子どもたちの顔をみていると、そんなことばかりを考えてしまいます。

子どもたちは成長していくにつれてますます可愛いですが、同じくらい、彼らの将来のことが心配になります。

昨年末、ふたりの子どものために、一冊の写真集をつくりました。それは『ふたりっ子バンザイ』という写真集です。

カメラマンの石亀さんの目は、親であるぼくの目そのものです。

写真のなかの子どもの姿を見ているだけで、ぼくは幸せな気持ちになり、これまで考えることができなかった、たくさんのことを考えることができます。

子育てに疲れている人へ（二〇一九年二月）

『かなわない』 植本一子著（タバブックス）

子育ては五年目に突入しましたが、いまだにこの生活に慣れずにいます。どこかで、自由になりたい、という気持ちを捨てきれないのでしょう。独身のころ、朝遅く起床し、眠りすぎてぼんやりとした頭で、「今日はなにしよう」と考え、結局なにもしないで、お腹がすくまでテレビを見たり、スマートフォンを見たりしていたときのあの感じが無性になつかしくなるときがあります。

いまは、分刻みで生活が流れていきます。朝は七時前に起き、早いときは八時から仕事をし、五時には帰宅します。それから子どもたちと公園で遊び、風呂に入れ、夕飯をつくり、室内で遊び、歯磨きをさせてから、一〇時ごろに就寝します。

自分のことを考える暇はないし、家のなかで自分が好きなテレビを見たり、本を読んだりする時間もありません。ぼくはたいてい、子どもたちを寝かしつけている途中で、自分も眠ってしまうのであり、目覚めるともう六時半です。

こうした生活を続けたおかげで、仕事の要領はよくなり、以前よりテキパキと仕事をこなすことができるようになりました。夕飯をつくるときには、ガスコンロを三つ点火し、ふたつの鍋、ひとつのフライパンぐらいであれば、同時に調理をすることもできます。味も以前よりマシになってきたように思いますし、子どもたちもパクパク食べてくれます。

ぼくは、幼い彼らのことを心底、「かわいいな」と思います。自分が生まれてきたのは、彼らを守るためだ、とすら思います。

でも一方で、息切れしてしまったかのように、なにもかもいやになるときもあります。そういうときに決まって、独身のころのことを思い出すのです。

「お昼も近いので帰ろうと誘うも、噴水を見るとそこから動かない。『お母さんは一人で帰るよ』とだんだん離れて行き、来るのを待ってみるも、本当に帰ろうとしないので、なんとかなだめすかして動いてもらう。そしてやっとのことで自転車まで来たと思ったら、今度は自転車に乗らないと、そこらへんに落ちている葉っぱをふざけて食べ始める」

植本一子さんの『かなわない』を読むと、ぼくと同じように、子育てに励み、一方で自由に焦がれるひとりの人間の姿が描かれていて、救われたような気持ちになります。

「葉っぱをふざけて」食べた子どもたちは、家に帰ってもいうことをきかず、シャワーをいやがり、結局、母親から怒鳴られます。その母親は、「『勝手にしなよ！』とシャワーを湯船に投げ捨て、一人でそこから離れ、狭い家の中を怒りを鎮めるためにぐるぐると回っ」ています。

こういうふうに、自分をさらけ出して、文章を綴ることは、決して簡単なことではありません。それは、勇気の有無というよりも、才能の話だと思います。

世の中にはたくさんの子育てにまつわる読み物があり、物語がありますが、ぼくは子育て中にそうした本を手に取ることはほとんどありませんでした。それは単純に、目の前の現実だけで手一杯であり、本の世界でまで、子育てのことを考えたくなかったからです。もっといえば、そうした本を読むことで、自分のいたらなさを知りたくなかったからでもあります。

ぼくの住む家のまわりには、ぼくよりもずっと、自分の子どものことをかわいらしいという目で見つめ、甲斐甲斐しく世話をする母親がいて、父親がいます。ぼくは彼らが子どもたちと遊んでいるさまを見ると、微笑ましいというよりも、孤独を感じます。「あなたたちも、子育てに疲れるときはない?」と尋ねてみたいけど、「ない」といわれてしまったらどうしようと、そんなことまで考えているのです。

『かなわない』は著者の赤裸々な記録であり、その日常の先には、思いもよらぬ展開が待ち受けています。

子育てに疲れている人。自由を求める人。だれかの真実の声を聞きたいという人。そんな人におすすめです。『家族最後の日』、『降伏の記録』という続刊もあります。

妖怪の世界に没頭する子ども（二〇一九年九月）

『妖怪ビジュアル大図鑑』水木しげる著（講談社）

四歳の息子は今年から幼稚園に通い出しました。最初こそいやがっていたものの、仲のよい友だちもできて、家に帰ると、〇〇くんが好き、とか、〇〇くんがなにをした、とか、幼稚園での出来事を話してくれます。

いつもいっしょに遊ぶ子どもたちのなかで、息子の言葉がいちばん幼いと気づいたのは、幼稚園に通いはじめて一カ月が経ったころでしょうか。

息子はしゃべりが幼く、遊びのルールにたいする理解力も劣ります。ですから、幼稚園が終わって、公園でみんなと遊んでいても、息子ひとりだけが妹と遊んでいたり、みんなとは離れた場所で、木の皮を拾い集めて、それを地面に並べたりしています。

これでいいんだ、と思えるようになったのはつい最近のことで、それまでは息子に「もっとみんなといっしょに遊びなよ」とけしかけたり、言葉にこそ出さないものの、「なんで息子だけできないんだろう」と思ったりしていました。

園児たちや彼らのお母さんといっしょにいても、こちらの気持ちだけがどんどんと暗くなり、早くこの場から逃げてしまいたい、とも思っていました。


当たり前ですが、子どもの個性はひとりひとり違います。幼稚園には約一〇〇人の園児が通っていますが、みんながみんな違います。彼らは、親の影響とか育て方、というよりも、もって生まれた個性によって、話し、遊び、考えているように思います。そしてもし、それがそのとおりなのだとしたら、親ができることなんて、ほんのわずかなことしかないのです。

それは一言でいえば、子どもを尊重するということ。彼らの行動や考えを褒め、自信をもってもらうということ。彼らを支えるために、いつまでも健康であるということ。そして毎日ちゃんと働き、稼ぐということ。

ぼくは息子が大好きですし、彼の役に立ちたいと願います。自分の人生をすべて投げ売ってでも守りたい存在。それが子どもです。

息子は運動も苦手で、最近はもっぱら読書に夢中です。幼いころにあれだけ読んであげた絵本や、去年まで夢中になっていた車の本ではなく、いまは水木しげるが描く妖怪の世界に没頭しています。

息子はまだ字が読めないので、文庫本サイズの『妖怪ビジュアル大図鑑』という本をぼくのところにもってきては、「これなんていう妖怪?」、「これこわい?」、「これ公園にいるの?」などと、矢継ぎ早に質問をしてきます。

こちらが疲れているときや忙しいときは、「ちょっとひとりで読んでて」というのですが、息子はその言葉を素直に聞き入れて、食卓や寝室の布団の上で真剣な眼差しでページをめくっています。

水木しげるといえば「ゲゲゲの鬼太郎」が有名ですが、作家の描くおどろおどろしい世界は、子どもたちを虜《とりこ》にする力に満ちています。

たとえば、同じ水木しげるの本で『ゲゲゲの鬼太郎　妖怪ファイル』という本があるのですが、そこには高知の妖怪「野衾《のぶすま》」が紹介されています。

「高知県の西部、幡多郡に昔出現した、奇妙な妖怪。道を歩いていると、目の前に壁のようなものが立ちふさがり、とおせんぼをする。人間が左右にまわりこもうとすると、その方向にぐんぐんのびてゆく。紙のように見えるから、破いてしまえばいいと思うかもしれないが、これがどうしても破れない」

こうした文章を読んでいると、不思議と、子どものころのことや、迷子になってしまったときの、どこか違う世界に迷い込んだかのような不安な気持ちを思い出します。

大人たちは、「妖怪はいない」といいます。けれど、目に見えるもののすべてが説明できない（あるいは、説明しなくても済む）子どものやわらかい感性のなかでは、きっと、妖怪が存在するのだと思います。遠くのぼんやりとした陽炎のなか。闇のなか。だれも入らない部屋のドアの向こう。

それが悪い影響だとも思いません。息子は息子なりに、いろんなことを知りたいに違いありませんし、もしかしたら、幼稚園に通いはじめたことによって生まれている日々の不安と、妖怪の存在が、息子のこころのなかでぴったりと重なりあっているのかもしれません。

我が家の水木しげるの妖怪の本は、もう六冊に増えています。

夫婦が不機嫌になったとき（二〇二〇年一〇月）

『中年の本棚』 荻原魚雷 著（紀伊國屋書店）

新刊が出るたびに買うという作家はそんなに多くなくて、ぼくの場合、思いつくままに挙げてみると、荒川洋治、万城目学、津村記久子、荻原魚雷の四人です。

相変わらず現役の作家より、故人となった作家の本を読むことのほうが多いのですが、四人の新刊が書店店頭に並んでいるのを発見すると、「ぼくが仕事をしていたり、子育てをしていたりするあいだにも、作家たちはなにかを一所懸命書いていたんだ！」と勇気をもらったような気持ちになります。同時代を生きているという感じといえばいいでしょうか。

彼らの本はいつでもぼくの指針となり、ときに読書案内となります。

たとえば、荒川洋治さんのエッセイによって復刊したいと思う本に出会ったり、荻原魚雷さんの本によって、ただでさえ部屋中が本だらけなのに、読んだことのない作家の本を何冊も買ったりしています。

荻原魚雷さんは一九六九年生まれの、おもに古書にかんするエッセイを書いている文筆家です。

新刊では買えない古本にかんする文章がメインではありますが、珍しい本を自慢したり、偏愛したりというそぶりは一切なく（つまりマニアではなく）、本によって生き方を学ぶというふうに、愛する作家の本を魅力的な文章で紹介します。

今年の八月に刊行された『中年の本棚』でも、たくさんの作家が紹介されていて、ぼくは読んでいるそのあいだにも、次々と本を買ってしまいました。

たとえば、田辺聖子を例にあげれば、作家は最初に「わたしは長年、田辺聖子の本を避けてきた。関西のアクの強いおばちゃんだとおもっていた」と書きます。これはぼくもまったく同じで、四四歳になったいまでも、田辺聖子の本を一冊も読んだことがありません。けれど、本のなかで紹介される田辺聖子の文章を読むと、もうそんなわけにはいきません。

「私はある小説の中で、夫と妻の、どちらかの不機嫌のことを椅子取り遊びにたとえたことがある。不機嫌というのは、男と女が共に棲《す》む場合、一つしかない椅子だと思う。どちらかがそこへ坐《すわ》ったら、片方は座れない。

どっちかが先に不機嫌になったとき、片方も負けずに不機嫌でいるわけにはいかない。

それはオトナのバランスといえない」

思い当たる節どころか、こんな経験をどれだけ繰り返してきたことか。

ぼくはこの一文を読んだだけで、以前よりもずっと、妻と仲良く暮らせるような気がしてきます。

ぼくたち夫婦は別段、仲が悪いわけではなく、喧嘩も年に数回程度しかしないのですが、その喧嘩が日付けをまたいで長引くと、ぼくは仕事も、趣味も、すべてのことにたいしてやる気を失ってしまいます。

荻原魚雷さんは次のように書きます。

「ひとつしかない椅子を譲り合おうにも、忙しいとイライラしやすい。疲れているとイライラしやすい。腹が減っているとイライラしやすい。だったら、予定をあまりつめこまず、疲れをためこまず、空腹を避けるようにする。とりあえず食って寝る。それが答えだ」

『中年の本棚』は、若くはなく、達観するような境地に立つわけでもない四〇代という中年期をどう乗り越えるかを思索した一冊です。

この本が一般的な自己啓発書やビジネス書とは異なるのは、書き手がつねに未来への不安を吐露し、右往左往する自身のこころの揺れを正面から描いているところです。いたずらにみずからを卑下するのでもなく、楽観するのでもなく、いつでも学生のように本を読み、作家の文章に励まされる。その積み重ねによって「成長」するのではなく、そうした日々がどこまでも続き、気がついたら歳をとっている。

こうしたスタイルは、見る人から見れば、「未熟」と映るのかもしれません。でも、若いときに抱いたあこがれや葛藤を捨てずに、いつまでもそのことを思い続け、考え続けていれば、こうなるほか仕方ないのではないか、とも思うのです。

四〇代を送る人、あるいはもうすぐ四〇代に差し掛かろうとしている人であれば必ず、なにがしかのヒントをもらえるはずです。

夜通し語り合える友人ができたような気持ちになる、そんな一冊です。

子育て奮闘中のパパ・ママへ（二〇二〇年一二月）

『父と子の絆』　島田潤一郎 著（アルテスパブリッシング）

長男が誕生してから、しばらくのあいだ、こんなことを自分に問うていました。

「ぼくは自分の命と引き換えに、この子を守りたいと思っているだろうか？」

赤ん坊はまだ生まれたばかりで、ぼくと目をあわすこともできません。寝返りを打つこともできず、リビングの絨毯のうえで、ただただ目をぱちくりとさせています。

息子はほかの赤ん坊と比べて、極端に眠る時間がすくなく（一日平均三時間ほどでした）、ぼくも妻も日々の生活に疲れていました。

この子が眠れば、ぼくたちもゆっくり眠れるのに……。好きな本も読めるのに……。喫茶店に行って、ゆっくりコーヒーも飲めるのに……。

頭のなかを占めるのは願いと愚痴ばかり。たしかに、はじめての我が子はかわいかったのですが、夜中にどれだけ考えてみても、この子のために自分の命を投げ出したいとは思えませんでした。

ぼくは父親失格なのかもしれない。

そんなふうにも思いましたが、その思いですら実感がともなったものではなく、どこか冷めた目で、自分と小さな赤ん坊のことを見つめていました。

やがて赤ん坊はハイハイをし、自分の足で歩き、拙いながらも自分の言葉を獲得して、ぼくたちになにかをしゃべるようになります。

我が子は、同じ時期に生まれた子よりもしゃべるのが遅く、運動も苦手で、いまなおコミュニケーション全般が苦手です。

なんでうちの子だけ、こんなふうなんだろう?

ぼくと妻はそのことでずいぶんと思い悩み、そのうち、公園へ行っても、顔見知りの親子に会うことを避けたりするようになりました。

運動能力を高め、集団行動になれるようサッカースクールにも通わせましたが、毎週土曜日のその時間になると、毎回、親であるぼくのこころが痛みました。

ほかの子は楽しそうにプレーしているのに、うちの息子だけグラウンドの砂をかき集め、ときおり通るパトカーや消防車に気をとられ、気もそぞろ。

「今日、ゴールを決めたら、おもちゃを買ってあげるから」

ある日、そういって励ましましたが、「ゴールしなかったら、おもちゃを買ってくれないの?」と息子は大泣きに泣き、そのまま途中で家に帰ってきたこともありました。

我が家の子育ては挫折の連続です。息子が幼稚園の年長になったいまでも、毎日なにかしら親としてこころを痛めています。

でも不思議と、そのこころを痛めた日々が、息子への愛情の土台となりました。

ぼくは、息子がなにかを上手にできるから、あるいは性格がいいから、好きなのではありません。

気がついたら、こころの底から息子が好きで、いまは息子のためになんでもやりたいと思います。

たとえば、いま息子が海で溺れているとして、ぼくは自分の命を投げ捨てて、彼のことを救うだろうか？

そんなことを想像すると、ぼくはその前に自分のこころが乱れて、眠れなくなってしまいます。

溺れている息子のことなど、微塵も想像したくもないのです。

そうした設問を想像していたのがきっと、まだ親でなかった証拠で、いまのぼくはその問いに正面からこたえるよりも、息子といっしょに天国に行きたい、とそんなふうにまで思ってしまいます。


ぼくがこんなふうに、あけすけに子どものことを書くのは、こうした文章がだれかの支えになったら、と願うからです。

子育ては大変で、孤独で、そしてどこまでも個別的なことです。

ぼくも息子の成長にともなって、さまざまな本を手にとりましたが、ぼくを励ましてくれたのは、いつも「子育てはたのしい」というタイプの本ではなく、「子育てはつらい」と嘆く、ブルースのような本でした。

二〇二〇年の一一月に、我が家の奮闘を綴った『父と子の絆』という名の本を出しました。

いま子育てをしているパパとママに。

子育てを終え、あの忙しなかった日々をなつかしく思うおとうさん、おかあさんに。

もちろん、未来のおとうさん、おかあさんにも読んでほしいな、と思っています。

本の世界に逃げ出せる（二〇二一年六月）

『子どものための精神医学』　滝川一廣著（医学書院）

長男は昨日から小学校に通いはじめました。ぼくと妻は入学式当日の朝まで、どうなるのだろう？　ほんとうに大丈夫かな？　と胃を痛めるくらいに心配していましたが、息子はピカピカのランドセルを背負って、黄色い通学帽をかぶって、とてもうれしそう。二日目の今日も、にこにこしながら小学校へと歩いていきました。

これまで赤ん坊の延長線上でしか息子を見てきませんでしたが、いつの間にか息子にも自立心のようなものが芽生えていて、いまはどうやら、ひとりで学校へ行けることがうれしいようです。

今日も二度だけうしろを振り返って、ぼくの姿をたしかめましたが、あとは一度も振り返ることなく、校門に向かって進んでいきました。

息子はどういうわけか、勉強をするのがたのしみらしく、学校の図書室の利用と、理科室の利用を今か今かと心待ちにしています。

父親としては、息子に何かを教えようと意気込むよりも、親子で学ぶよろこびを発見し、自然の不思議を、科学のおもしろさを再発見したいと思っています。

むかしある本屋さんで、こんな話を聞いたことがありました。

「蝶ってギュッと両手で握るとつぶれてしまうでしょ？　でもあんまりそっと握ると、手のひらのあいだから逃げてしまう。私たちが子どもたちに教えてあげたいのはその力加減。それを経験させてあげたい」

その本屋さんは絵本にすごく力を入れていましたから、ぼくはてっきり、彼女が絵本の魅力について話をするのだと思っていました。でもその人は、絵本よりももっとたいせつなことがあると、ぼくに教えてくれました。

本をつくることを生業とするぼくはややもすると、本の力を過大評価してしまうきらいがあります。

もちろん、本はさまざまな力を子どもたちに授けます。それはたくさんの知識であり、たくさんの言葉であり、想像する力であり、考え続ける力です。

人はなにかについて考えるときに、当たり前ですが、言葉をつかって考えます。自分の知っている言葉を駆使して、こうではないか？　ああではないか？　と誰かのこころの内や、自分の未来を想像したり、あるいは、今日の出来事を振り返ったり、政治や経済などの抽象的なことを考えたりしています。

その考えるという行為を、車のシートの上や、座布団の上で、ひとりで黙々と続けることはとても困難なことです（もちろん、考えざるをえないというシチュエーションもありますが）。けれど、本のページをひらき、だれかの言葉を導き手とするのであれば、自分ひとりで考えるよりも長い時間考えることができますし、より広い領域のことを考えることができます。

最近読んで感銘を受けた『子どものための精神医学』という本には、こんなことが書いてありました。

「私たち人間にとって『世界』とは、たんなる物質的な自然世界ではなく、人間自身が長い歴史を重ねてつくり上げてきた『人間世界』、すなわち社会的・文化的な共同世界である。人間はこのような共同世界をいわば『第二の自然』として生きている。この世界は『物質』によって成り立っているのではなく、『観念』によって、すなわち意味（概念）や約束（規範）によって成り立っている。これが生まれ落ちた子どもが、知っていき、かかわっていかねばならない人間固有の世界なのである」

この文脈に沿って考えれば、息子は小学校をとおして、あるいは本をとおして、いよいよ本格的に「人間世界」に入っていきます。

そこにはたくさんの約束事があり、意味があります。

先生たちは、その約束事、意味について、ひとつひとつ息子に教えてくれるでしょう。ときには、自分が納得いかないことも、「社会一般ではこうなんだ」と納得しなければいけないことがあるはずですし、あるいは、いつまで経っても、腑に落ちない約束事、意味もあるのだと思います。

ぼくが本の力を信じているのは、そういうときに、本が、皆がいっていることとは違う考え方を、意味を教えてくれるからです。

それは、こっちがほんとうなんだよ、というのではなく、こんな考え方もあるし、海の向こうにはあんな人もいるんだよ、という教え方です。

学校に馴染めなかったり、いやなことがあったりしたら、いつでも本の世界で耳を澄ませばいい。

本を読むのがいやであれば、約束事も、言葉も要らない、自然にあふれた世界へ逃げ出せばいい。

そんなことを思いながら、今日も息子の下校を待っています。

なにがあっても、大丈夫（二〇二二年三月）

『ニワトリと卵と、息子の思春期』繁延あづさ著（婦人之友社）

もうすぐ、息子にとっての小学校の最初の一年間が終わります。娘の幼稚園の最初の一年間も終わります。

毎朝、ベランダから息子が通学するのを見送り、それが終わったあとは、娘を自転車に乗せて幼稚園につれていきました。

大きなトラブルはありませんでしたが、魚の骨がのどにひっかかるような小さな心配事はいくつもありました。「大丈夫だろうか?」と気をもみ、布団のなかでいろいろと想像するのですが、翌朝になると子どもたちはなにもなかったように通学、登園し、帰ってくると、ふたりで仔犬のように遊んでいます。

ぼくは帰宅し、コーヒー牛乳を一杯飲んだら、子どもたちを風呂に入れ、彼らの身体を洗いながら、「今日はなにかあった?」と聞きます。ふたりは屈託なく、いろんなことを話してくれるので、ぼくは彼らの友だちの名前をたくさん覚えます。

お風呂には彼らが持ち込んだおもちゃがいくつもあるので、彼らはしばらくそれで遊び、ぼくは先に風呂を出て、夕飯をつくります。妻はそのあいだ、洗濯やら片づけやら、他の家事をしています。

結婚して七年、家事は得意なほうがやる、という暗黙のルールがあるので、最近は夕飯づくりはぼくが担当しています。毎日台所に立っていると、手際がよくなっていきますし、「これとこれを入れたら、ああなるだろう」という味の予想も的確になっていきます。

子どもたちは正直なので、美味しかったらすぐに皿を空にしますし、そうでなければ、まったく箸を進めようとしません。

そうすると、料理のバリエーションはプロ野球チームの先発ローテーションのように数が限られてきて、最近は、炒飯、餃子、シュウマイ、刺身、スパゲッティ、カレーが日替わりで食卓に並びます（「手際がよくなる」、「味の予想」などと偉そうなことを書いて、すいません）。たまに、からあげ、天ぷら、ラーメン、焼きそば、うどんが出ることもあります。


子どもが健康で、浮かぬ顔をしていなければ、あとはなんでもいい。

それが親として、ぼくが思うことです。勉強ができなくてもいいし、親友がいなくてもいいし、好き嫌いが多くてもなんの問題もありません。

いまは、毎日がたのしくあってほしいし、くだらないことで兄妹で笑っていてほしい。

そんな単純なことだけを願います。

最近、繁延あづささんの『ニワトリと卵と、息子の思春期』を読み、そこに子どもたちの未来を垣間見たような気持ちになりました。

繁延さんの家は男の子ふたり、女の子ひとりの五人家族で、二〇一一年に東京から長崎に家族で移住しました。

本書のはじまりは小学校六年生の長男の一言。「ゲームを買ってほしい」という彼のお願いをずっとおざなりにしていたら、ある日、「お母さんがなんと言おうと、オレは放課後ゲームを買いにいく！」といい放って、長男は家を出ていってしまいます。

騒ぐ母の胸。ところが、長男は「ゲーム買うのやめるからさ、その代わりニワトリ飼わせて」といい始めます。

それからはずっと長男のペースで話は進みます。地域の人たちを巻き込んでニワトリを飼う土地を見つけ、とうとうニワトリを飼いはじめる息子。本をとおして養鶏を学び、卵を収穫し、それを地域の人たちに販売する息子。

彼はニワトリに名前をつけず、「ペットじゃないんだよ。家畜なんだ」といいます。それは彼が理性的にそうであろうと目指した結果としての認識であり、覚悟です。そのようにして、彼は少しでもはやく、少年の世界から大人の世界に足を踏み込もうとしていきます。

少年はその帰結として、ニワトリを捌《さば》きます。ワークショップに参加し、手順を覚え、飼っていたニワトリの首を落とし、それをみずからの血肉にします。

子どもはこんなにも頼もしいんだ、とも思いますし、子どもの思春期はこんなに大変なんだ、とも思います。

我が家の子どもたちも、いつかはこんな年ごろを迎えるはずです。そのときには、こんなふうに接しよう、とか、こんな心構えでいよう、とか考えずに、またこの本を開こうと思います。

『ニワトリと卵と、息子の思春期』を読んでいると、不思議と、「なにがあっても、きっと大丈夫」と思えてくるのです。

親の願望と子どもの人生（書き下ろし）

『サッカーデイズ』　杉江由次著（小学館文庫）

眠る前によく「人生をもう一度やり直すことができたなら……」と想像します。

結論は決まって、「いまの人生でじゅうぶんだ」なのですが、ぼくはその前に必ず一度は、中学一年生の春のことを回想します。

なぜその時期かというと、部活動をちゃんとやっていればよかった、という悔いがあるからです。

中学校に進学したばかりのぼくはバスケットボール部に入部しましたが、夏休みの途中から欠席を繰り返すようになり、二年生になると、練習にもほとんど参加しませんでした。三年生になってからは再び練習に励むようになりましたが、ぼくがさぼっていた一年半のあいだ毎日体育館を走っていた同級生たちとのレベルの差は埋めがたいものでした。

「もっとバスケットボールがうまくなりたかった」と思っているわけではありません。「もっとスポーツのよろこびを知りたかった」というと、それがぼくの願望のほとんどのような気もしますが、もっと正確に書こうとすると、ぼくは中学の三年間、あるいは高校までの六年間、あるいは小学生のころもふくめれば一〇年とか、それくらいの時間を捧げて得られるなにかにたいして、強烈なあこがれがあるのです。

社会に出ると、しばしば、スポーツを一所懸命やってきた人に出会います。飲み会の隣りの人がたまたまそうだったということもあれば、仕事のパートナーがそうであった場合もあります。

彼らはなにかを考えるとき、あるいはなにかの困難を解決するとき、その部活動での経験からなんらかのヒントを引き出しているように見えます。

もちろん一事が万事そうだというわけではないのですが、彼らには明らかにぼくとは違うスイッチがあり、引き出しがあり、モチベーションがあります。

あれはいったいなんなのだろう？

ぼくはそのことについてしばしば考え、その積み重ねが、「もう一度中学一年生からやり直したい」という隠れた願望を培養しているような気がするのです。

ぼくは息子にサッカーをやらせてみようと思い、年少のころから教室に通わせましたが、息子は一年でやめてしまいました。彼は現在小学校二年生ですが、いまのところ、習い事はなにもしていません。

「なんかやりたいことない？」

お風呂のなかでたまに聞いてみますが、息子は「うーん。いまはいいかな」とぼくの誘いをやわらかく拒否します。

息子の友人のひとりは一年生のころからサッカーに夢中で、ぼくは彼の姿をまぶしく感じます。

杉江由次さんの『サッカーデイズ』を読んで感じるのもまた、そうしたまぶしさです。

「試合終了後、娘は両手で顔を覆い、肩を大きく震わせてベンチに戻って来た。

なにか言葉をかけてやろうと歩み寄っていったが、かける言葉が思い浮かばなかった。

小さな肩をそっと抱くことしかできない。もしかしたらその手を振り払われるかもしれないと思ったけれど、娘は腕のなかに顔をうずめると、激しく泣きじゃくった。

娘が生まれた頃を思い出しながらその背中をさすり、サッカーなんてやらせなきゃよかったと少しだけ後悔した」


小学校二年生の冬に突然サッカーをやりたいといいだした娘の小学校最後の二年間の日々を描いたこの本は、父親であるぼくにさまざまなことを想像させます。

きっと、子どもたちはぼくが思っている何倍もの速さで成長するだろうということ。子どもたちは親との関係よりも、子どもたち（チームメイト）との関係によってさまざまなことを学び、それを足がかりにして、やがて社会に出ていくだろうということ。親にできることは、そんなには多くないだろうということ。

著者の杉江さんは出版社に勤めながら、娘のサッカーチームのコーチをつとめます。

本書がすばらしいのは、娘とチームメイトの成長を描きながら、その視線のなかに著者の少年時代の葛藤が交錯するところです。

ぼくは本を読みながら、娘のプレーを見守る父となり、同時に、自分を歯がゆく思うサッカー部の中学生にもなります。

家族のあたたかみを感じさせる一冊です。

サッカーが好きな人であれば、なおさら楽しめると思います。

第四章　本から得られること

スマホをやめてみたら……（二〇一七年八月）

『チボー家の人々』　ロジェ・マルタン・デュ・ガール著　山内義雄訳（白水Uブックス）

今年の二月に長年つかっていたスマートフォンをやめて、ふつうの携帯電話に戻しました。それからはしばらく「不便だなあ……」と思いながら、携帯電話でインターネットのニュースやSNSを見ていましたが、それもこの七月にやめてしまいました。

きっかけは、子どもです。ぼくは赤ん坊にミルクをあげるときも、肌身離さずスマートフォンでインターネットを見ていました。気になるニュースがあるときは、息子に話しかけられてもほとんど相手をせず、ただただ黙って、小さな画面をスクロールしていました。

それを見ている子どもは、「親がそんなにも夢中になっているものだから」というそれだけの理由で、スマートフォンを触りたがります。そしてあっという間に、その使い方まで覚えてしまいます。

ぼくはスマートフォンが子どもに悪影響を与えるといいたいわけではありません。

息子も中高生になれば、まわりの子どもたちと足並みをそろえるように、自分だけのスマートフォンを持ち、それをつかって友人たちとコミュニケーションをとり、毎分毎秒更新される世界のなかに没頭するはずです。そしてその便利なツールをとおして、たくさんのことを知り、たくさんのことを学ぶはずです。

ぼくはスマートフォンをやめることで、ずいぶんと自由になった気がします。スマートフォンをいじっているときは、たいした用もないのに毎日が慌ただしかったのですが、いまは一日二四時間を長いと感じます。そのぶん、子どものことをよく見るようになりました。そしてテレビや本、雑誌をよく読むようになりました。

スマートフォンが画期的だったのは、その起動時間の速さだと、いまさらながらに思います。誇張でもなんでもなく、一〇秒の空き時間があれば、スマートフォンでニュースやSNSをチェックできます。ぼくは実際そうしていましたし、エレベーターを待つ時間でさえも長いと思うようになっていました。

一日のなかで、一〇秒の空き時間さえスマートフォンに奪われてしまったら、ゆっくりと流れる時間などどこにもありません。つまり、便利さと引き換えに、ぼくは自分の時間をスマートフォンに譲り渡していたのだと思います。

いまは、その空いた時間をつかって、ロジェ・マルタン・デュ・ガールの『チボー家の人々』というフランスの長篇小説を読んでいます。全一三巻。スマートフォンがなかったときのことを思い出すようにして、長い小説世界の時間に身をゆだねています。

トルストイの『戦争と平和』、ドストエフスキーの『カラマーゾフの兄弟』、ディケンズの『デイヴィッド・コパーフィールド』、プルーストの『失われた時を求めて』。二〇代だったぼくは、長い小説から順に読んでいこうとばかりに、一時期、長篇小説ばかりを読んでいたときがありました。

小説のなかの具体的なことはほとんど覚えていないのです。主人公の名前すら、思い出せません。けれど、千ページの、なかには五千ページ以上の本を読み続けていた時間は、いまでもぼくを支え続けています。それくらい長篇小説のなかには、干上がることのない、豊かな時間が流れています。

「ジャックは、妙にいやな気持ちでたまらなかった。心にもなく嘘をついているような気持ちで、ほんとのことを言おうとすればするほど、ますますそれから遠ざかっていきそうだった。それでいて、彼の話したことには、なにひとつ不正確なことはなかった。だが、言葉のちょうしなり、煩悶についての誇張なり、打ちあけ話の選び方なり、彼にははっきり、自分が、生活についていつわりのすがたを描きだしているように思われた」(『チボー家の人々』二巻・少年園)

長篇小説では、しばしば、こうした微に入り細を穿つ描写が続きます。

読者はそれを読み続けていくうちに、登場人物たちが成長し、彼らが人生の選択肢を果敢に選んでいく瞬間に出会います。彼らのうちの何人かは本のなかで生涯を終えますが、彼らの人生に直接触れたような得も言われぬ感覚は、長く読者のこころのなかに残ります。

『チボー家の人々』を一カ月かけて読み、いまはやっと五巻の半分です。

今年の夏は忘れられない日々になりそうです。

漫画で逆境を乗り越えられた（二〇一七年九月）

『キャプテン』　ちばあきお著（集英社）

あらゆる出版物のなかで、どの本がいちばん好きか。

ぼくの答えはずっと変わりません。ちばあきおの漫画『キャプテン』です。小学生のときに、いまは亡き従兄に教えてもらい、室戸で読みふけりました。

ぼくの一〇代は漫画の最盛期でした。『ドラゴンボール』『スラムダンク』『寄生獣』といった数多くの名作が雑誌に連載されていて、クラスの男の子の四分の三はなにかしら漫画雑誌を買っていました。

ぼくは「週刊少年ジャンプ」「週刊少年マガジン」を毎週買い、学校では友人が買ってきた「週刊ヤングマガジン」を読んでいました。自宅の本棚は漫画だらけ。時間を持て余すと、好きな漫画を一巻から読み返していました。

そこから小説に転向したのは、なんてことはない、青年期特有の自意識ゆえです。大学生になって漫画を読むのはかっこ悪い。そんなふうに考えて、きっぱり漫画を読むのをやめました。

同じタイミングで、大好きだったテレビゲームもやめました。

そのふたつを思う存分楽しむのは室戸に帰ったときだけ。

そのころのぼくにとって、東京で暮らすということは、肩肘張って生きるということでもあったのです。


三〇代に入ると、自分がいかに漫画から影響を受けたのか、よく知る機会が増えました。

たとえば逆境に陥ったとき、必ず乗り越えられると信じることができたのは、間違いなく漫画からの影響です。信じられないくらい苦しいときも、こころのどこかにワクワクしている部分がある。それは何度も読み返してきた漫画をとおして、この苦境を跳ね返すよろこびを先んじて経験していたからです。

漫画が子どもたちに教えるのは、単純で、とても力強いメッセージです。

それはある子どもにとっては、「正義は必ず勝つ」ですし、ある子どもにとっては、「努力はきっと報われる」かもしれません。

あまりにリアリティに欠けるものは、子どものこころには残りません。けれど、いくつかの漫画は子どもたちに忘れがたい思い出を残し、そのなかのいくつかのシーンは、あたかも自ら経験した出来事であるかのように、子どもたちのこころにしっかりと刻み込まれています。

ぼくにとって、その代表格が『キャプテン』なのです。

この野球漫画の傑作は七二年から七九年まで「月刊少年ジャンプ」で連載されました。

その際立った特徴はふたつ。ひとつは、大事な試合においても負けること。ふたつめは、主人公が四代にわたって受け継がれていることです。「キャプテン」というタイトルは、四年間の四人のキャプテンの総称であり、四人はそれぞれに栄光を味わったり、挫折を味わったりします。

ぼくは読むたびに、負けるとわかっている試合にも気持ちが入り込んでしまって、「なんとかならないものか」と気をもみます。それくらい『キャプテン』には、読者を魅了する力があります。

古き良き漫画を思わせるあたたかく、力強い絵。誇張をよしとしない丁寧なコマ運び。そして、いさぎよいストーリー。いちばん人気があるキャラクターも、学校を卒業すると『キャプテン』のなかには二度と登場しません（いくつかの例外はありますが）。こういう美意識は、作者ちばあきお固有のものであり、とても儚いものでもあります。


ちばあきおは心の底から登場人物たちを愛しているからこそ、おざなりなストーリーは描かなかったし、連載がいつまでも続くことをよしとしませんでした。

作家の代表作『キャプテン』も、そのスピンオフというべき『プレイボール』も、最終回はこちらが拍子抜けするくらい、あっさりとしています。しかし、その終わり方が、いつまでも読者のこころに余韻を残すのです。

海の向こうの出来事を知る（二〇一六年一二月）

『ヨーロッパ・コーリング――地べたからのポリティカル・レポート』
ブレイディみかこ著（岩波書店）

インターネットでSNSやニュースを見ていると、「サヨク」「ウヨク」という言葉をよく見ます。見ない日はないというくらいです。

最近は「ポピュリズム」という言葉もたびたび見かけます。ぼくは現在四〇代ですが、生まれてこの方、いまほど政治にたいする議論が活発な時はないように感じています。なにかがおそらく、行き詰まっているのでしょう。

抽象的なことをいいたいのではありません。それよりも考えなければならないのは、わたしたちの日々の仕事のことです。

経済ではなく、仕事。

たとえば、わたしたち全員が適切な仕事にありつくことができ、その労働にこころから満足することができるのであれば、ほとんどすべてのことはオートマチックに解決するのではないか？　そんなことを思います。

というのも、ぼく自身、ものすごく職探しに苦労をしましたし、友人たちの多くもそうした経験をしています（ぼくはこの「職探し」という経験が自分に何ももたらさなかったことを知っています）。

ある友人はもう二〇年近く、非正規の仕事を転々としていますが、その短期の仕事でさえ、今後ずっとありつけるかどうかはわかりません。いつの間にか、そういう社会になってしまいました。

経済さえよくなれば解決すると少なくない人はいいますが、ほんとですか？

金持ちがより金持ちになり、ぼくたちのような下っ端にはなにも落ちてこないのではないですか？

せいぜい非正規の仕事がすこし増えるだけなんじゃないですか？


一カ月先もわからない社会において、会社は進んでリスクをとりません。つくれば必ず売れる商品なんて、今の世の中にはもう存在しないのですから。

そういう行き先が不透明な時代を考え、議論するのには、もっとたくさんの言葉が必要です。「サヨク」「ウヨウ」「ポピュリズム」といった単語でなにかを理解したつもりになった時点で、ほとんどのことは見えなくなってしまいます。

大切なのは粘り強く考えること。

そのためにこそ、本という道具があります。

自分の頭では考えられないことを誰かの頭、つまり誰かの言葉と文章で長い時間考え続けるための本。

ぼくは自分の頭をすこしも信頼していませんが、本という物の存在をすごく頼りにしています。


今回紹介したいのは、ブレイディみかこさんの『ヨーロッパ・コーリング――地べたからのポリティカル・レポート』。とにかくすごく面白いですし、政治にすこしでも興味がある人に手にとってほしい一冊です。

ブレイディみかこさんは一九六五年生まれの英国在住の保育士であり、ライターです。タイトルにあるとおり、「地べた」、つまりぼくたちと同じ目線でヨーロッパの現在政治の変動をタイムリーに、理性的に、かつ魅力的に書いています。

スコットランド独立住民投票。その翌年のギリシャ国民投票。イギリスのEU離脱までは触れられていませんが（二刷以降の追加のあとがきで触れられています）、そこに至るまでの時代のうねりがこの本のなかには克明に記されています。

なかでも感銘をうけたのが、スペインの若き大学教授が結成した「新党ポデモス」の話。政党設立からわずか四カ月でスペインの第四勢力となり、同じ年に支持率が与党を抜いたこの党の党首は、「左翼は庶民に語りかけていない。ワーキングクラスの人々を異星人のように扱っている。為政者は僕たちがわけのわからない言葉を話す少数派のままでいることを望んでいるのだから、それでは彼らの思う壺だ」と学生たちを叱ります。

一方、独立を目指すスコットランドの人々は、「独立すれば経済的に損をしますよ」「一緒に金儲けを続けようじゃないですか」という英国からの誘いを「それがもう嫌なんじゃ。金のことばっかり考える社会じゃなくて、オルタナティヴな社会を目指したいんじゃ」と突っぱねようとします。

最近読んだ本のなかでいちばん付箋を貼って読んだ本です。読み始めたその日から、ニュースを見る目が変わります。

短篇集の不思議な魅力（二〇一七年一月）

『浮遊霊ブラジル』　津村記久子著（文春文庫）

短篇集とは不思議なものだとつくづく思います。ほかの何物にも似ていません。短い小説がいくつも入っていて、それらはすべて違う物語で、しかしどれも同じ作家の書いたものであるから、なんとなく読後感が似ています。

作家はまるでデッサンを描くようにして短篇を書きます。原稿用紙三〇枚ぐらいで、人生のわずかな部分を垣間見せることによって、その背景にある大きなものをぼんやりと読者に伝えます。

ぼくは、その「大きなもの」を作家自身もわからないのではないか、とも思うのです。わからないけど惹かれるもの。あるいはその正反対で、わからないから、月日が経てば忘れられ、二度と戻ってこないもの。

作家はそのあやふやなものの印象を正確にデッサンして、短篇小説という形に長く留めておきます。

そうした「わからないもの」との出会いは私たちの日々のなかにおいてもたくさんあります。

たとえば、ある景色。美しい景色というわけではないのに不思議とこころに引っかかる。その風景をずっと見ていられるような気がする。

たとえば、誰かの話。芸能人の名前とか、洋服のブランド名とか、料理とか、なにげない言い回しとか、そういうものが不思議と記憶に残って、いつまでも忘れられません。

それらはきっとぼくの記憶のなかにある何かと共鳴しているはずなのですが、うまく結び付けられないまま、ときに鮮やかに、ときに不安げに、独立して輝いています。

いい短篇集を読むと、そこに収められている短篇の数だけ、ぼんやりとした何かがこころに残ります。人生ってこういう感じだなあ、と思います。

それは、美しさや喜びというようなポジティブなものばかりではありません。いうなれば、人生のゴリッとした感じ。息苦しい感じ。いやな感じ。退屈な感じ。でもなんとなく、明るい感じ。

津村記久子さんの『浮遊霊ブラジル』もまさにそういう読後感をもたらしてくれる短篇集です。

「ますます、ビール、ビール、という気分でスーパーに向かう。自転車置き場の駐輪はまばらで、私は、隅においてある異様にごつい青色のマウンテンバイクを眺めているうちに、なんとなくその隣に停めてしまう。（中略）何か忘れている、と首を捻りながら、しかし最近はもう、思い出せないことに自己嫌悪を感じなくなってきていたので、また思い出したら買いに来ればいい、と自転車のところに戻る」

これは定年を迎え、故郷に帰ってきて一人暮らしをはじめる初老の男の気持ち。

「最初は、ぜんぜん話さない板東さんに戸惑ったものだったが、別れてから、すごく丁寧な私の話に関する感想や意見のメールが来て、そういうことが何度か続いたものだから、単に無口な人なのかな、自分ばかりが話す付き合いをしていい人なのだな、と思うようになった。

なので、板東さんとは、会っている間ではなく、会った後がやりとりの山場なのであると言える」

これは、夏期講習に参加している女子大学生ふたりの距離。

ぼくは初老の男性でもなく女子大学生でもありませんが、こうした日常の機微の描写に、「ああ、この感じ、この感じ」と思います。こういう人生の感触に触れたくて、小説を読んでいるのだ、とさえ思います。

『浮遊霊ブラジル』には七つの短篇が入っています。表題作はタイトル通り主人公が浮遊霊になってしまった話で、それ以外にも女たちが地獄に行ってしまう話もあります。

これらの小説を支えているのは、私たちが日々の生活のなかで忘れてしまうような小さな出来事やこころの動きです。

ぼくはその泡沫のような何かに、人生のいちばん魅力的なところがあるのではないかとも思うのです。

又吉直樹さんがいったこと（二〇一六年八月）

『夜を乗り越える』　又吉直樹 著（小学館よしもと新書）

本のオビに、「なぜ本を読むのか?」と書いてあります。

仕事柄、こういう質問に出会うこともありますし、そういうときのために、いくつもこたえをもっています。

たのしむため。成長するため。考えるため。それこそ、こたえを見つけるため。

でも、こころのなかではいつも、「それだけじゃないんだよなあ」と思います。

ぼくは三六五日あったら、そのうち一〇〇日くらいは、「なぜ本を読むのか?」を考えているような気がします。電車のなかで乗客たちがスマートフォンばかり見ているのを目にすると考えざるをえない、というのが正直なところなのですが。

又吉直樹さんは「夜を乗り越える」といいます。なんていい言葉なんだろう、と思います。そして、なんて、強い言葉なんだろう、と。

寝つけない夜。不安な夜。こころも身体もふわふわとして、自分のものではなくなってしまったような、おそろしい夜。

そうした夜を、乗り越える。

一日、一日、乗り越える。

もしかしたら、一分ごとかもしれない。

その一分が地獄のように長いのかもしれない。

でも、乗り越える。

「社会に出たらもうほとんど答えなんかありません。だから争いがあるのだし、物事は難解なことばかりです。そんな答えのないことにぶつかった時、それでも止まらず進んでいかなければならない時、どうするのか。／生きていくことは面倒くさい。答えがありません。本はそのことを教えてくれます。答えがないことを学ぶことができます」

又吉さんは気の利いたことを書くわけではなく、わかりやすく読書について述べるわけでもありません。こたえが見えてこないなかで、読書について、文学について、生きることについて、ウンウン考えながら書いています。

『夜を乗り越える』を読み終わると、夕食を食べに入ったファミレスで、ずっと友だちとしゃべって、悩みを話したり、考え続けていたりしていたら、夜が明けてきていた、もっといえば、あんなに話をして、もう限界というぐらいまで考え続けていたのに、店を出たら、生まれ変わったように元気になっていた、そんな高揚感につつまれます。

又吉さんは「ど真ん中いくものを書きたい」といいます。二〇一五年に芥川賞を獲った『火花』は、まさにそういう小説でした。

小説を書き慣れた作家であれば、もっとテクニカルに、もっと違った小説を書くでしょう。けれど、又吉さんは「切実さ」という、それこそ「ど真ん中」すぎるテーマに真正面に取り組み、それを粘り強く書き切りました。

『火花』という小説の価値は、そこにあります。

又吉さんには、これまで五回お会いしたことがあります。

忘れられないのは、高知県黒潮町に上林暁の講演でいらしたときのことです。講演が二〇時半に終わり、又吉さんはその日のうちに高知市内に戻らなければならなかったのですが（黒潮町から高知市内までは車で二時間弱かかります）、打ち上げだけでなく、二次会までつきあってくださいました。

二軒目のお店に行ったのは、たしか夜の一〇時半ぐらい。

店のなかには店主の小学生の息子さんがいて、又吉さんを歓迎しました。彼は又吉さんのファンで、もしかしたら店に寄ってくれるかもしれない、と思って、眠い目をこすりながらずっと待っていたのです。

又吉さんは、少年がサッカーをやっていると聞くと、自分は小学校のころはレギュラーじゃなかったけど、必死に練習してうまくなれたんだ、と話しました。少年を隣りの席に座らせて。ずっと。

又吉さんが書く本には、そうしたやさしさも溢れています。

小説を読むことの価値（二〇一八年一〇月）

『風と共に去りぬ』　マーガレット・ミッチェル著　鴻巣友季子訳（新潮文庫）

小説を読むことの価値とはなんなのだろう？

出版業界の人にあうたび「小説が売れなくなった」といわれている今、あらためて考えてみます。

それは一言でいうと、「豊かな時間」ということになるのではないでしょうか。

現実世界とは違う、小説内の長い時間に身をゆだねる。作家や、登場人物たちの言葉で、自分のことや、いまの社会のことを考える。それを一週間、一カ月、半年、一年と続ける。そうすると、それまで見ていた世界が違って見える。たとえるなら、深い水のなかから、水面に出てきたような気持ち。それくらい、くっきりとなにかが見えてくる。

このあいだ見たドキュメンタリー映画で、主人公が哲学者ショーペンハウエルの言葉を引用していました。いわく、「本を買うのは、本を読む時間を買うことだ」。

思わず膝を打ちました。まさにそのとおり。

いま生きている時間とは違う時間を経験したいから、ぼくたちは本屋さんで本を買うのです。本をとおして買っているのは、知識ではなく、ノウハウでもなく、時間です。豊かな、たっぷりとした時間。

それが現代では、とっておきの贅沢になるのだと思います。

ぼくは旅行が好きです。それは遠出することによって、長く読書の時間がとれるからです。

昨今は多少事情が変わりつつありますが、つい数年前まで、飛行機のなかではインターネットに接続することができませんでした。だから長いあいだ、ぼくにとって「飛行機に乗ること」は「本を読む」ことと同義でした。

旅客機が離陸し、雲を突き抜けて、目的地に到着するまでの一時間か、二時間。本を読む人はそのあいだ、現実世界から遠く切り離されます。ついさっきまで気にかかっていた煩いごとは、雲の下の船のように小さく見えます。

それは活字でなくても、マンガでも同じことだと思いますし、映画でも、コンサートでも同じであるはずです。

先ほどのショーペンハウエルの言葉を借りれば、半年先のコンサートを予約するということは、つまり半年先の時間を前もって買っておくことと同じです。

ぼくたちにはそうした時間が必要ですし、本も音楽も映画もない人生なんて、味気ないものに違いありません。

ぼくは今年の夏、『風と共に去りぬ』（鴻巣友季子訳・新潮文庫）を読みました。二〇一五年に刊行された新訳、全五巻です。

「死ぬまでにできる限り名作を読もう。なかでも、長い小説はなるべく若いうちに読んでおこう」

そう決めたのは、ぼくがまだ二〇代のころです。

けれど社会に出て、仕事をするようになると、なかなかまとまった時間をとることができず、長い読書をようやく再開することができたのは、この一、二年のことです。

とはいえ、暇ができたというわけではないのです。むしろ、息子たちが小さい今、自由になる時間は以前より減った気がします。

じゃあ、なぜまた読もうと思ったのか？

これはもう、気合いとしかいいようがありません。

「今日から読むぞ！」という気合い。あとは、「もう若くない」という焦り。

長篇小説の世界に入り込んでいくのには、多少の時間がかかります。

約一五〇年前のアメリカ南部の世界。その風景描写を毎日毎日、少しずつ読み進めていくと、ある日、もうぼくはその小説世界にすっかり入り込んでいます。

『風と共に去りぬ』にかんしては、若いころに映画も見ていましたが、そのオリジナル版ともいうべき小説世界は、もっと登場人物たちの内面描写が豊かです。

「えっ、スカーレット、それでいいの？」

大まかなあらすじを知っているのにもかかわらず、波乱万丈なスカーレットの人生を、ページをめくる指で追いかけていきます。こんな奔放なヒロインをつくりあげたマーガレット・ミッチェルの手腕に、何度もうなります。

「ねえ、アシュリ、問題の両面を見る癖はいいかげんやめたら？（略）そうやって両面を見ていたら、どこにも行き着かないわよ」

スカーレットの言葉は、ぼくの人生を揺さぶります。同じくらい、レット・バトラーの言葉も、ぼくのこころを動かします。

読み始めてから読み終わるまで、約五〇日。「ああ、いい小説を読んだ」という充足感。

経験的にいうと、こころに残る小説とは、とにもかくにも長い小説なのです。

人生のレールを外れたら……（二〇一九年一〇月）

『日本社会のしくみ　雇用・教育・福祉の歴史社会学』　小熊英二著（講談社現代新書）

いまでこそ出版社を経営し、好きな仕事をしていますが、大学生のころは皆と同じように就職をしなければ、と思っていました。

当時希望していた職種は、地方新聞社の記者。半分旅行気分で全国の新聞社の試験を受けましたが、結果は全敗。翌年もまた試験を受けましたが、採用の通知を受け取ることは一度もありませんでした。

それからはアルバイトをしたり、派遣社員をしたりして、小説を読み書きする日々を送りました。

当時のぼくは小説家になりたくて、それ以外のことはまったく考えていませんでした。新聞記者を志望したのも、その道が小説家へと続くと信じたから。そんな甘い見通しで試験を受けていた二〇代のぼくは、身の程知らずというほかありません。

同じころ、ぼくの大学の同級生たちは、就職氷河期だったにもかかわらず、そのほとんどが大手、ないしは中堅の会社に就職を決めていました。

毎朝、満員列車ですし詰めにされ、夜は夜で会社の飲み会に参加する。そんな彼らの生活をうらやましいと思うことは一度もありませんでした。

就職をしていなかった友だちと三人で朝まで居酒屋で酒を飲み、「そういえば、同級生が入社した会社はこのあたりだ」と盛り上がって、紺のスーツを着て出社してくる友人を缶ビール片手に冷やかしたこともあります。なんて馬鹿なことをしたんだろう、といまでも思います。

もしかしてぼくは間違った選択をしたのではないか、と初めて思ったのは二七歳のときのことです。小説を投稿し続けてもまったく結果が出ず、ぼくは友人たちから五年遅れて、就職活動をはじめました。けれど、同級生たちが就職しているような大手の会社はそもそも募集をしておらず、求人を出しているのは知らない会社ばかりでした。そして、その知らない会社に履歴書を送っても、面接にさえ呼ばれませんでした。

当時のぼくには働く意欲がありました。もしどこかの会社がぼくを雇ってくれるならば、その恩を決して忘れず、会社に身もこころも捧げるつもりでいました。けれど、そうした姿勢は評価もされず、自分の思いをアピールする場も与えられませんでした。

残された選択肢は二つか三つ。入ってもすぐに辞めざるを得ないブラック企業に入社するか。とりあえずアルバイトか派遣社員として働き、正社員登用の千載一遇の機会を待つか。または、独立を目指すか。

自業自得だといわれれば、それまでなのかもしれませんが、学校を卒業してそのまま就職しなければ、生涯その罰を受け続けなければいけない社会とは、いったいどんな社会なのだろうか？　と思います。

小熊英二の『日本社会のしくみ』は、なぜ日本がこのようなしくみになったのかを、明治時代にまでさかのぼって検証していきます。

著者の説くところによれば、その起源は明治期の官庁身分制度。当時は役人になるのには帝国大学（現在の東京大学）卒が優遇され、給料は勤務年数によって決まっていました。いまなお続く「年功昇進」と「定期人事異動」という日本の慣例は、まさにこの時代に官庁内で生まれ、それが民間の企業にまで広まったものです。

本書が目からウロコなのは、そうした「しくみ」を他国の「しくみ」と比較しながら、いかにそれらが日本固有のものかを教えてくれるからです。

たとえば、なぜ日本では学歴だけが重視され、大学でなにを学んだかは評価されないのか？　とか、人物を評価する指標はなぜ「一つの企業での勤続年数であって、他の企業での職業経験は評価されない」のか？　とか、そうした我が国では当たり前に受け入れられている常識が世界の常識ではないことを、豊富な資料とともに示してくれます。

なかでも、大学を卒業して大企業に定年まで勤める「大企業型」の人口が、現在の日本の人口の二六％に過ぎず、その数値はこの激動の三〇年のあいだほとんど変わらないという事実に、ぼくは心の底から驚いてしまいました。

つまり、よい大学に入り安定した会社に入る人たちの座席数は決まっていて、ぼくたちはその限られた椅子を確保するために、幼いころからずっと、「勉強しろ」といわれてきたのです。

では、その安定した場所に入りそこねたら？

残りの七四％の人たちが幸せに生きるためには、社会が変わらなければいけないと思います。

そのヒントは本書に載っています。

和田誠さんのこと（二〇二〇年一月）

『これはのみのぴこ』　谷川俊太郎 著　和田誠 絵（サンリード）

昨年の一〇月七日に、グラフィックデザイナーであり、イラストレーターであった和田誠さんが亡くなりました。八三歳でした。

タバコの「hi-lite」のデザインを若くして考えた人。星新一さんの数多くの装丁を手掛けた人。谷川俊太郎さんとの傑作絵本を次々につくった人。「週刊文春」の表紙絵を四〇年以上にもわたって描き続けた人。本にそんなに興味がない人に説明するとすれば、料理愛好家の平野レミさんの旦那さんであり、バンド、TRICERATOPSの和田唱さんの父親といえば伝わるかもしれません。

和田さんの絵はほかの誰にも似ておらず、品があり、ユーモアがあり、優しさがありました。奇をてらったデザインを好まず、淡色を自在にあやつり、かんたんな線で物事を正確に捉えました。

親交のあった南伸坊さんは、和田さんがやった仕事は、和田さんが残した作品より大きいのだと、『私のイラストレーション史』に書いています。

その理由はいたって明快で、和田さんが最初に「イラストレーション」と「イラストレーター」という言葉をつかいはじめ、絵をつかって仕事をする人たちの存在を世の中に広くアピールしたからです。

言い方をかえれば、和田さんこそが「イラストレーター」という職業を日本で初めてつくりだした人だということです。

和田誠さんはぼくの恩人でもあります。

編集の経験もなく、右も左もわからないままはじめた出版社の、最初の本の装丁を引き受けてくださったのが和田さんでした。

和田さんから教えていただいたことはたくさんありますが、それは一言でいえば、本は美しくあるものだ、ということに尽きます。

本はいっときの暇をつぶすための消費財ではなく、それはもしかしたら次の世代、孫の世代にまで伝わるものであり、そのことをわたしたちは忘れてはならない。

面と向かってそんなことをいわれたことはありませんし、叱られたことさえ経験していませんが、和田さんの事務所を訪ねると、「本をつくる仕事を大切に思っている」という雰囲気が、いつも建物全体から伝わってきました。

ぼくは学校の生徒のように、和田さんに接していたように思います。和田さんに見込みのある生徒だと思われるよう、さまざまな気配りをしましたし、最大限の誠意をもって手紙を書き、電話をしていました。

忘れられないのは、印刷所の人とふたりで、できあがった装丁をとりに伺ったときのことです。

ぼくは直前に、その担当者に和田さんがいかに偉大かという話をしたのですが、その担当者は和田さんの名前さえ知りませんでした。

「そんな人を和田さんの事務所にお連れするわけにはいかない」

そう考えたぼくは、「外で待っていてほしい」と伝えたのですが、和田さんはそのことを知ると、「印刷所の人たちはぼくたちの仲間だ」といい、その担当者をすぐに事務所のなかに招きました。

不明なのはぼくのほうであり、ぼくは自分の態度を恥じました。

ネームバリューや社会的な価値で物事を判断する人であれば、そもそも、本を一冊もつくったことのなかったぼくの会社の装丁を引き受けることもなかったはずなのです。

和田さんは亡くなってしまいましたが、本がある限り、和田さんの仕事は永遠に残ります。

　現に我が家には、ぼくが所蔵する和田さんコレクションのほかに、子どもたちの本棚のなかにも和田さんの本があります。

　いちばん読み聞かせたのは『これはのみのぴこ』。

「これは　のみの　ぴこ」という一文からはじまり、「これは　のみの　ぴこの　すんでいる　ねこの　ござえもん」、「これは　のみの　ぴこの　すんでいる　ねこの　ござえもんの　しっぽ　ふんずけた　あきらくん」というふうに、落語「寿限無」さながらに言葉がいつまでも続いていくたのしい絵本です。

　話を聞いている子どもたちは、途中からおもしろくてたまらないというように笑います。

　今夜もこの一冊をもって、子どもたちと冬の布団のなかに潜り込むことにします。

若いうちこそ難解な本を（二〇二〇年九月）

『プロテスタンティズムの倫理と資本主義の精神』
マックス・ヴェーバー著　大塚久雄訳（岩波文庫）

若いころの読書が人生を救う、というのはいささか言い過ぎかもしれませんが、すくなくとも、それは生きる糧になるように思います。

社会に出てしまうと、本を読む時間をとるのはなかなか難しく、社会を生きていくうえで身についた「世間知」が、いつの間にか頭のなかを占領してしまいます。

本を読んでなんになるの？　それが明日の仕事に役立つの？

ぼくも一時は、そう考えていたこともありました。当時はそれくらい仕事がいそがしく、自分の体力も、知恵も、経験もすべてを仕事に投入しなければ、日々を乗り越えられなかったのです。

そうして身についた仕事の能力は自身を助けます。さまざまなタイプの人間との折衝。スケジューリング。プレゼンテーション。判子を押してもらうためのありとあらゆる工夫。

昨今の政治をみていると、そうした能力に長けている人間が、政界の高い地位にいるような気がしてなりません。水面下での折衝を怠らず、記者会見がうまく、さまざまな顔を巧みに使い分けて、人心を掌握する。

それは多くの人たちを動かすために必要な能力であることに間違いありませんが、たいせつなのは、そうした能力を活かして、なにをするかだと思います。

ぼくは彼らを見ていると、高い地位こそがゴールであって、そのためにすべての能力をつかっているような気がします。かつては、大きな目標も、長期的な展望も、身を粉にしてだれかのために働こうという気持ちもあったのに、すべては「世間知」によってすり潰されてしまい、日々ライバルとの競争に明け暮れている。

それは決して政界だけでなく、民間の企業においても同じです。短期的な目標のために長期的な展望をおざなりにし、「夢」とか、「成長」とか、「未来」とか、本来であれば、一〇年先、二〇年先を見越してつかわなければいけない大切な言葉を日々のカンフル剤として消費し、とにかく、すべてが落ち着いたらゆっくりと考えようと思い、「いま」というこの時間にたいして不誠実になっている。

もちろん、そうした慌ただしい毎日の先にも、なにがしかのゴールはあるはずです。ぼくは人生のすべてを仕事に捧げるような人間を尊敬しますが、一方で、それだけではこころが満たされないばかりか、こころがパンクしてしまうような人間に強いシンパシーを感じます。

ぼくは民間企業で働いていたときに、ノイローゼに近いような状態に陥ったことがありました。

親しかった従兄が突然亡くなったときは、死にたいくらいに気分が落ち込みました。

そういうときに支えてくれたのは、若いときの読書の経験でした。

すばらしい本は、読者に粘り強く考えることのたいせつさを伝えます。本を読むということは、毎日を乗り越えるためのノウハウではなく、いってみれば、こころと脳に体力をつけるような行為です。一行目に「若いころの読書が人生を救う」と書いたのはそういう意味で、就職する前にできるだけ長い本や難解な本に取り組み、こころと脳を鍛えたことが、三〇代のぼくを救ってくれました。


ついこの間読んで感銘を受けたのは、マックス・ヴェーバーの『プロテスタンティズムの倫理と資本主義の精神』という本です。

この本は大学のころに買っていたのですが、難しそうなタイトルと、本の分厚さによって、二〇年以上読むことを遠ざけていました。けれど、四〇代半ばになり、もう一度読書の体力を身に付けたいと考え、思い切って棚から取り出しました。

読み進めると、目からウロコの連続です。

いわく、資本主義は、個人の金銭欲や、金儲け主義、競争といったものから生まれたのではない。それはつまるところ、一六世紀に生まれたプロテスタンティズムに端を発している。

プロテスタンティズムとは、平たくいえば、教会などの外の権力ではなく、聖書を拠り所として自らのこころを律するキリスト教の信仰のあり方で、この場合、神は教会や神父たちの言葉のなかに宿らず、いつでも、信徒たちのこころの内側に存在します。

信徒たちは労働を禁欲的な手段と見なし、自分の職業を「天職」と考え、獲得した利益で我が身を派手に着飾ったり、放蕩したりせずに、未来に備えて蓄え、次の仕事に向けて投資をします。その己を律する精神のありようが、つまり資本主義の誕生なのだ、と著者は書いています。

それは抽象的な理論というよりも、プロテスタンティズムが盛んであったイギリスとオランダ、さらにアメリカが資本主義の担い手となり、そうでなかったイタリア、スペイン、フランスなどにおいて資本主義の発展が遅れたという事実からの考察であり、説得力に富みます。

読むのには骨が折れますが、ここには、疑いようのない本物の考える力があります。こういう古典こそが、読者に長期的な展望を与えるのではないでしょうか。

文章でわかる作家との相性（二〇二〇年一一月）

『うたうおばけ』　くどうれいん著（書肆侃侃房）

おすすめの作家はだれですか？　と聞かれると、たいていその質問にはこたえず、逆に、どんな作家が好きですか？　と聞き返します。その好きな作家がぼくの好きな作家であれば、おすすめするのは簡単ですが、読んだことのない作家だったりすると、だれをすすめればいいのか、考え込んでしまいます。

できれば、有名な作家の名を挙げたくはありません。その作家は、ぼくがすすめなくても、本屋さんで、あるいはインターネットで、だれかが然るべきタイミングですすめてくれます。

一方で、あんまりマイナーな作家をすすめるのも、「ぼくはこんな作家も知っているんです、すごいでしょ?」といっているみたいで、気が引けます。

推薦するポイントはいくつかありますが、そのなかでぼくがもっとも重視しているのは、文章です。

どんなに物語が魅力的でも、あるいは、そこに書いてあることがいかにあたらしく、斬新でも、文章が肌にあわなければ、本を読み続けることは苦痛以外のなにものでもありません。

でも、その文章にとことん惚れ込んでしまったなら、その作家がなにを書いても、その本がどんなに長くても、おもしろく読むことができます。

それはもしかしたら、この人とならいくらでもおしゃべりできる、という相性に近いものなのかもしれません。

初めて読む作家なのに、最初のページからぐんぐん読める本。そして、ついつい夜ふかしまでしてしまう本。そんな本の書き手に出会えることができれば、それはあたらしい友人がひとり増えたのとほとんど同じことだと思います。

内容よりも、この人の文章が好きかどうか。

そこでは本の知識は問われず、あくまで個人的なフィーリングの部分が優先されます。

冒頭の質問に戻れば、ぼくがこたえに窮したとき、よくおすすめするのはあたらしい作家の本です。

聞いた相手はきっとその名前を知らなくて、でも発売されて間もないから本屋さんでも手に入れやすい、新鮮な作家たちの本。

彼らはあたらしい文章をもって登場し、ぼくたちが知っているはずのことを、知らない角度から照射します。

最近感銘を受けたのは盛岡在住のくどうれいんさんのエッセイ集、『うたうおばけ』です。書肆侃侃房という小さな出版社から二〇二〇年の四月に刊行された本ですが、まさに冒頭から惹きつけられました。

「人生はドラマではないが、シーンは急にくる。わたしたちはそれぞれに様々な人と、その人生ごとすれ違う。だから、花やうさぎや冷蔵庫やサメやスーパーボールの泳ぐ水族館のように毎日はおもしろい。どれを掴むのか迷って迷って仕方がない毎日であれば、この人もこんなつまらないことわたしに聞かなくたっていいはずなのに。『友達が多そう』って褒め言葉のつもりでしょう。友達の多さが人間の価値だと思っているのでしょう。そんな安易なものさしでわたしを計らないで。あなたたちはみんなそう、みーんなそう」

つい長々と引用してしまいましたが、これは冒頭におかれた表題作のエッセイの、作者が「友達多そうっすよね」といわれたあとの文章。

なんでこんなにも自由に文章を紡げるのだろう、とため息すらでます。

この本を読んでいると、「ああ時代は変わったんだな」とも思います。

くどうさんは若いころから短歌をつくり、いまは地元の盛岡の会社で働きながら、さまざまな媒体で文章を発表しています。

なにかを成し遂げるために上京するのではなく、かといって、自然体というのでもなく、自分たちの住む場所で、自分たちの物語を、魅力的な文章で書けるよう日々努力する。

その文章がほんとうにいいものに仕上がれば、だれかがインターネットで紹介してくれますし、その文章の素晴らしさはあっという間に津々浦々にまで知れ渡ります。

文章に恋すると表現したくなるようなこの感じ、久しぶりに味わいました。

物語で楽しむ魅力的な英雄たち（二〇二一年一月）

『水滸伝』 北方謙三著（集英社文庫）

いちばん本を夢中になって読んだのは中学生のころです。自宅から最寄りの駅までは徒歩二〇分ほどの距離だったのですが、当時のぼくは歩きながらずっと、一冊の文庫本を読み耽っていました。タイトルは『我ら梁山泊の好漢』。『眠狂四郎』で有名な柴田錬三郎の小説です。

思春期の男の子たちは、いまも昔も、幕末とか戦国時代とか三国志とか水滸伝が好きです。

教室のなかを見渡せば、ひとりかふたり、そのいずれかに精通している男の子がいて、彼らは司馬遼太郎を読んだり、吉川英治を読んだり、あるいはそれらをモチーフにしたテレビゲームのせいで寝不足になっています。

なぜそんなに幕末や水滸伝が男の子を夢中にさせるかというと、そこには今の社会にはいない、たくさんの魅力的な英雄が登場するからです。

高知県出身の人物を例にあげれば、筆頭はもちろん坂本龍馬でしょう。小学生だったぼくもまた、桂浜に立つ坂本龍馬の銅像を通して彼に興味を持ち、そこから幕末に深くのめり込んでいきました。高知の史跡を訪ねることはもちろん、父にねだって、京都と萩へも連れて行ってもらいました。

当時愛読していたのは「歴史読本」という雑誌。中学生になると、近所の図書館で司馬遼太郎の小説を毎週のように借りてきました。

英雄たちが歴史的にいかに偉大なことをしたかを知るのには、まだ知識も経験も足らず、それればかりか、歴史背景などを描いた部分はほとんど読み飛ばしていたように思います。それでも、かじりつくようにしてページを繰ったのは、龍馬をはじめとする英雄たちの多くが非業の死を遂げるからにほかなりません。

人生ではじめてというくらいに一所懸命本を読み、ようやくたどりついた物語の終盤に、こころを寄せていた主人公がだれかの手によって殺される。

その驚くような経験をした男の子は、ますます幕末に、戦国時代に、あるいは中国の古典にのめり込み、誰も知らないような目立たない登場人物にさえ愛着をもつようになります。

それは単純な、死への興味というものではありません。

人生がなんたるかをわからず、けれどそれを粘り強く考えるための経験も、考える集中力もない男の子は、本のなかの英雄たちの死によって、人生の手触りのようなものをはじめて感じ、そこに自分のこれからの人生を重ね合わせているのだと思います。

一〇代のぼくは幕末に夢中になり、その次に三国志にはまりました。そして最後に、『水滸伝』の世界へと入っていきました。

『水滸伝』は司馬遼太郎が描く歴史小説や、多くの大家たちが筆をふるった『三国志』とは違って、主要な登場人物のほとんどが実際には存在していません。

北宋（九六〇―一一二七）の時代に宋江という役人が大規模な反乱を起こし、ときの王朝に立ち向かうという事実こそあったものの、『水滸伝』はそうした設定のみをベースにしており、物語は自由奔放そのものです。

たとえば、有名な武松という登場人物。彼は虎を素手で退治したということで名を馳せますが、兄嫁と情婦に兄が毒殺されたことに腹を立て、兄嫁と情婦を討ち果たします。その後、実刑となったあとも、さまざまな理由によって人を殺し、逃亡して、最終的には主人公の仲間になります。

『水滸伝』にはこうしたあくの強い英雄たちが計一〇八人登場し、それぞれの能力を駆使して、乱れた国を打ち倒そうとします。

中学生だったぼくは、世の中にはこんなにもおもしろい話があるんだ！　と驚き、寝る間も惜しんで、物語の世界に没頭しました。

けれど、このたのしい読書は長続きしませんでした。なぜなら、高校受験がすぐ目の前に迫っていたからです。

受験勉強によって、せっかく身につきはじめた読書という習慣を手放し、ふたたび本を読みはじめたころには、幕末や『水滸伝』の世界は、ぼくにとってすでに現実的なものではありませんでした。

四四歳になったいま、ふたたび『水滸伝』を読みたくなったのは、一〇代のころに味わった、ただただ楽しい読書に帰りたくなったからかもしれません。

北方謙三版『水滸伝』全一九巻を読了するのに要した時間は三カ月弱。

「ああ、おもしろかった！」と最終巻を手放し、インターネットでみんなの感想を読んでいたら、続きがさらに三二巻もあることを知りました。

電車のなかで本を読む（二〇一九年四月）

『夢も見ずに眠った。』 絲山秋子著（河出文庫）

大学を卒業してから、週に一冊は必ず、本を読むようにしています。読書する場所は、もっぱら電車のなか。事務所への行き帰りの時間を利用して、小説や評論、そのときに興味のある本を少しずつ読んでいます。

子どもが生まれてからは、家で読書をすることはほとんどなくなりました。独身のときは、仕事を終えたあとにテーブルで本を読んだり、布団のなかで本を読んだりしていましたが、いまは子どもを寝かしつけたあとはくたびれてしまって、本を開く気力がありません。

ですから、ぼくは電車を利用しない生活のなかで、本をたくさん読んでいる人に出会うと、こころから「すごいなあ！」と思うのです。

彼らはきっと、ぼくより読書という行為を楽しんでいるか、あるいは、ぼくよりずっと意思の強い人たちです。

彼らは日々の生活のなかで、本を読む時間を設け、ときに分厚い小説や哲学書などを読み進めています。

　ぼくは彼らの生活を想像するだけで、背筋が伸びる気持ちがします。ぼくが年をとり、仕事をする必要がなくなったとき、彼らのように家のなかで本を読むことができるだろうか？　とそんなことまで考えさせられてしまうのです。


　ぼくが厚い本を読み始めるときは、必ずといっていいほど、新幹線や特急のなかです。つまり、これから長距離移動がはじまり、二時間なり三時間なりのまとまった時間が約束されて、はじめて、そうした本の最初のページを開くのです。

　先月、ぼくは群馬県の桐生というところで、トークイベントの仕事がありました。東京から電車で約二時間。最寄りの駅から乗換駅まで私鉄電車で行き、そこから特急「りょうもう」に乗りました。

　持っていったのは、絲山秋子さんの『夢も見ずに眠った。』という三〇〇ページの小説。この作家が群馬県在住であることを知っていましたから、イベントの仕事が決まったときから、この本を持っていくことを決めていました。

　駅のホームで缶コーヒーを買い、電車に乗り込み、リュックサックのなかから本を取り出して、指定席のシートをすこし倒します。

こころも、身体も、「さあ、これからぼくは本を読むのだ」という心地よい緊張感に包まれます。

それは、ぼくが人生のなかで、もっとも好きな瞬間のひとつです。

本がおもしろければ、目的地まであっという間ですし、そんなに夢中になれなくても、電車のなかではほかにすることもないので、物語はどんどんと進んでいきます。

『夢も見ずに眠った。』は三〇代の夫婦の物語。夫は結婚と同時に妻の実家で暮らし、非正規の仕事をしています。妻はいわゆるキャリアウーマンで仕事をたいせつにし、遠方への異動も躊躇せずに引き受けます。

小説は、夫婦それぞれの視点をもちいてお互いのことを語らせ、ディテールにこそすべてがあるというように、ふたりの過去のことや、旅先での小さなこころの動きを描写していきます。

倉敷。琵琶湖。盛岡。江差。青梅。出雲。ふだんの生活とは異なる場所へ行ったからこそ見えてくる、夫と妻のいま。

ふたりの心は安易に融和することなく、どこまで行っても、いつまでもバラバラのままです。

ここには、不仲とか、夫婦生活の難しさ、とか、そういうことが書いてあるのではなく、「人間がふたりで暮らすというのはこういうことだ」ということが、これ以上なく正確に書かれているように思います。

だから、読んでいると、ときに苦しくなりますし、一方で、ああ、これはぼくたちのことだ、というふうにも思います。

そうした夫婦がどこへ行き、最後にどういう決断をくだすのか。ぼくは、最後の章のタイトルである「紗和子さん、行っておいで」という文字を打つだけで、もう感動してしまいます。

ぼくの胸は、ふたりが歩いてきた人生のことでむせ返るようであり、あたかも、彼らがいまもどこかで生活をし、仕事に励んでいるように感じています。

『夢も見ずに眠った。』のおかげで、ぼくの小旅行はとても充実したものになりました。

ぼくの旅先の思い出の半分は、いつも本の思い出で占められています。

おわりに

ここに掲載してある原稿のほとんどは、高知新聞社発行のフリーペーパー「K＋」に連載されていたものです。

この本にも書きましたが、ぼくはずっと高知にかかわる仕事をしたいと願っていましたので、担当者の方から連載の話をいただいたときは、「夢のようだ」と思いました。

連載は約六年のあいだ続き、その途中で、青春出版社の樋口博人さんから「いずれ本にしませんか？」とお声がけいただきました。

このときも、「夢のようだ」と思いました。

すべての文章は本を読む習慣のない、高知の親戚たちに向けて書かれています。

亡くなった従兄もまた、本を読む人間ではありませんでしたが、彼は人間的にとてもすぐれた人でした。

やさしくて、気配りができて、どちらかというと沈黙をおそれない、亡くなったあとも皆から思われる人。

ぼくはすべての人が本を読む必要なんてないというふうに考えますし、ほんとうに豊かなものは、言葉のない世界にあるのではないか、とも思います。

連載を担当してくださった松村耕介さん、安田貴彦さん、そして連載に毎回すばらしい絵を描いてくださった西本百合さんに、あらためて感謝申し上げます。

二〇二三年四月

島田潤一郎

本書は、二〇一六年四月から二〇二二年六月までの約六年間にわたり、「K＋」に連載された寄稿文から、選りすぐりのものを加筆・修正し、さらに書き下ろしを三本加え、一冊にまとめました。

著者紹介

島田 潤一郎　1976年、高知県生まれ。東京育ち。日本大学商学部会計学科卒業。大学卒業後、アルバイトや派遣社員をしながら小説家を目指していたが挫折。編集経験のないまま、2009年、吉祥寺にて夏葉社を創業し、「ひとり出版社」の先がけとなる。著書に『古くてあたらしい仕事』（新潮社、2019年）、『あしたから出版社』（ちくま文庫、2022年）など。
さまざまな良書を読んできた経験から、本を読むヒントになればと思い、まとめたのが本書である。人生の糧になった本を紹介しながら、本を読むことの価値を伝えたい。

電車《でんしゃ》のなかで本《ほん》を読《よ》む

2023年 4 月30日　第 1 刷
2023年 5 月 1 日　第 2 刷

著　　者　島《しま》田《だ》潤《じゅん》一《いち》郎《ろう》

発 行 者　小 澤 源 太 郎

責 任 編 集　株式会社 プライム涌光
電話　編集部　03(3203)2850

発 行 所　株式会社 青春出版社
東京都新宿区若松町12番 1 号 〒162-0056
振替番号　00190-7-98602
電話　営業部　03(3207)1916

印 刷　三松堂　　製 本　フォーネット社

万一、落丁、乱丁がありました節は、お取りかえします。

ISBN978-4-413-23299-9 C0095